SEOUL, 2009

글쓰기 걱정, 뚝! 혼자서 배우는 글쓰기 교과서

초판 제1쇄 발행일 2009년 6월 20일
초판 제5쇄 발행일 2014년 7월 20일
글 김태수 그림 강경수
발행인 이원주 발행처 (주)시공사
주소 137-879 서울시 서초구 사임당로 82
전화 영업 2046-2800 편집 2046-2821~9
인터넷 홈페이지 www.sigongjunior.com

ⓒ 김태수, 2009

이 책의 출판권은 (주)시공사에 있습니다.
저작권법에 의해 한국 내에서 보호받는 저작물이므로, 무단 전재와 무단 복제를 금합니다.

ISBN 978-89-527-5549-0 73370

시공주니어 홈페이지 회원으로 가입하시면 다양한 혜택이 주어집니다.
잘못 만들어진 책은 구입하신 서점에서 바꾸어 드립니다.

글쓰기 걱정, 뚝!

혼·자·서·배·우·는·글·쓰·기·교·과·서

김태수 글 | 강경수 그림

글쓰기가 고민이야.

시공주니어

저자의 글 글이 사람을 만든다 ··· 6

1장 글, 너는 누구냐!
- 글쓰기는 생각 쓰기 ··· 10
- 글쓰기는 대화하기 ··· 14
- 세상 모든 게 글감 ··· 18
- 생각 그물로 글을 잡는다 ··· 24
- 주제는 똑 부러져야 ··· 31
- 김 기자의 글쓰기 특강 | 자기 소개서 쓰기 ··· 34

2장 문장, 너를 알아보마!
- 문장의 주인공은 누구? ··· 38
- 기초 튼튼, 문장 튼튼 ··· 43
- 문장은 줄줄이 사탕 – 문장 연결법 ··· 48
- 김 기자의 글쓰기 특강 | 신문 기사 쓰기 ··· 68

3장 좋은 문장을 쓰자
- 정확한 게 최고야 ··· 72
- 짧으면 짧을수록 좋은 문장 ··· 80
- 군살을 빼자 ··· 84
- 우리말은 우리말답게 ··· 92
- 김 기자의 글쓰기 특강 | 설명문 쓰기 ··· 98

4장 문장이 모여 모여!
- 문단은 단단한 문장 덩어리 ⋯ 102
- 문단은 방 꾸미듯 ⋯ 107
- 문단도 가지가지 ⋯ 112
- 문단의 소원은 통일 ⋯ 120
- 김 기자의 글쓰기 특강 | 논설문 쓰기 ⋯ 124

5장 쏙쏙 머릿속에 들어오는 글쓰기
- 공통점과 차이점을 찾자 – 비교와 대조 ⋯ 130
- 나누고 쪼개자 – 분류와 분석 ⋯ 135
- 빌려 오고 끌어오자 – 예시와 인용 ⋯ 140
- 김 기자의 글쓰기 특강 | 글쓰기 훈련법 ❶ ⋯ 146

6장 도전! 글쓰기
- 계획표가 좋은 글을 만든다 – 개요 짜기 ⋯ 150
- 서론은 낚시하듯 써야 – 서론 쓰기 ⋯ 156
- 알맹이를 드러내라 – 본론 쓰기 ⋯ 161
- 끝이 좋으면 다 좋다 – 결론 쓰기 ⋯ 165
- 닦고 조이고 기름 치자 – 고쳐쓰기 ⋯ 169
- 김 기자의 글쓰기 특강 | 글쓰기 훈련법 ❷ ⋯ 174

 **글이 사람을 만든다**

버락 오바마가 미국 최초의 흑인 대통령이 된 것은 글솜씨 덕분입니다. 대학생 문집에 시를 발표한 문학청년 오바마는 하버드 로스쿨에 다닐 때는 법률 학술지 편집장으로 활약하기도 했거든요. 솔직한 표현과 아름다운 문장으로 쓴 두 권의 책이 300만 부 이상 팔렸다니 보통 글쟁이가 아닌 모양입니다. 그의 글솜씨는 연설문에 고스란히 스며들어 미국 대중을 사로잡았습니다.

몇 년 전엔 하버드 대학생들을 대상으로 '인생을 살아가는 데 가장 중요한 기술이 무엇인가?' 하는 설문 조사를 한 적이 있습니다. 그때 학생들은 '글쓰기'라고 답했습니다.

왜 글쓰기가 이렇게 중요할까요? 글을 쓰다 보면 자기 자신을 알게 되기 때문입니다. 내가 무슨 생각을 하고 있는지, 무엇을 알고 또 무엇을 모르는지 돌아보게 되니까요. 다른 사람과 대화하는 법도 알게 됩니다. 남들이 내 글을 잘 이해할 수 있게 정확한 표현법을 찾게 되거든요. 나아가 내 주장에 동의하도록 글을 구성하면서 의사소통 능력을 키울 수 있습니다.

글쓰기가 중요한 또 다른 이유는 우리 생활과 떼려야 뗄 수 없기 때문입니다. 일기 쓸 때, 숙제할 때는 물론 대학에 가기 위해서도 글(논술)을 써야 하니까요. 학교 졸업한다고 글쓰기가 끝나는 것은 아닙니다. 직장에서 보고서 만들 때, 거래처에 문서 보낼 때도 글을 써야 합니다. 인터넷이 보급되면서 글쓰기는 우리 생활 속으로 더 가까이 들어왔습니다. 이메일, 메신저, 문자메시지를 사용하는 것 자체가 글쓰기니까요.

그런데도 사람들은 글 쓰는 걸 피하려고 합니다. 고민해야 할 게 한두 가지가 아니기 때문입니다. 드라마에서 작가가 원고지를 구겨 던지면서 머리카락을 쥐어뜯는 장면이 괜히 나오는 게 아닙니다. 하물며 훈련을 제대로 하지 않은 사람이야 글쓰기가 얼마나 고통스럽겠습니까? 글쓰기라면 일기 쓰고, 숙제하는 게 고작인 학생이라면 더 그렇겠지요. 이 책은 이렇게 글쓰기가 고통스러운 나머지 두렵기까지 한 사람들을 위한 것입니다. '글쓰기는 즐겁다'는 뻔한 말을 하기보다는 글 쓰는 데 필요한 진짜 정보를 담았습니다.

지금은 어느 때보다 창의적인 생각, 정확한 분석, 날카로운 비판, 논리적인 표현 능력을 요구하는 시대입니다. 그런 능력을 길러 주는 게 바로 글쓰기입니다. 이 책을 통해 글쓰기와 가까워지고 나아가 '더 나은 나'가 되기를 기대합니다.

2009년 6월 김태수

1장

글, 너는 누구냐!

- 글쓰기는 생각 쓰기
- 글쓰기는 대화하기
- 세상 모든 게 글감
- 생각 그물로 글을 잡는다
- 주제는 똑 부러져야
- 김 기자의 글쓰기 특강 | 자기 소개서 쓰기

글쓰기는 생각 쓰기

"어휴!"

글쓰기 시간만 되면 한숨부터 쉬는 학생이 많습니다.

"글 안 쓰면 안 돼요?"

"전 원래 글 못 써요."

"글 쓰는 방법 몰라요."

학생들은 어떻게든 글쓰기를 피해 보려고 안간힘을 쓰지요. 먹기 싫은 음식 억지로 먹어야 하는 것처럼 말입니다. 그럴 때 김 기자가 하는 말이 있습니다.

"네 생각을 마음 내키는 대로 써. 편안하게."

그래도 학생들은 쉽게 물러서지 않습니다.

"어휴, 그게 쉽게 되나요, 뭐."

투덜투덜 불평하며 글을 썼다 지웠다, 괜히 지우개만 괴롭힌 적은 없나요? 왜 이렇게 글 쓰는 게 싫을까요? 왜 이렇게 글 쓰는 게 어려울까요? 왜 이렇게 글 쓰는 게 겁이 날까요?

글쓰기가 '생각 쓰기'라는 걸 모르기 때문입니다. 사실 내 생각이나 느낌을 다른 사람에게 문자로 전하는 것이 글이라는 걸 모르는 학생은 없습니다. 다만 글을 쓸 때 그걸 까맣게 잊을 뿐이죠. 그래서 자기 생각을 마음 내키는 대로 일단 써 보라는 겁니다.

그게 잘 안 된다고요? 그럴 겁니다. 생각을 글로 옮겨 놓고 보면 앞뒤가 안 맞을 때가 많거든요. 다른 사람 생각이 아니라 내 생각을 글로 적었는데도 내 생각과 다르니 실망하는 거지요. 문장은 또 얼마나 어색합니까? 당연합니다. 글이 처음부터 매끄럽게 완성되면 뭐하러 이 책을 읽겠어요.

지금부터 이것저것 가리지 말고 생각나는 걸 써 보자고요. 나중에 다시 뜯어고치더라도 말입니다. 그러다 보면 자기 생각이 뭔지 알게 됩니다. 전에는 한 번도 해 보지 않은 생각이 새로 생기기도 하지요. 일단 연필을 들고 뭔가를 쓰면 그게 곧 글쓰기가 되는 겁니다.

생각나는 걸 쓸 때는 요령이 필요합니다. 먼저 글감을 하나 정합니다. 밥, 잠, 똥, 밤, 학교, 텔레비전, 엄마, 친구, 노래, 공부……. 뭐라도 괜찮습니다. 처음엔 아무래도 생각할 게 많은 걸 고르는 게 좋지요. 하나 골랐나요? 그런 다음 글감 하나를 두고 '두 줄 쓰기'를 해 봅시다. 생각나는 내용을 더도 말고 딱 두 줄로 쓰는 거예요.

여기선 '텔레비전'으로 해 보자고요. 정말 생각나는 게 많은 말이죠? 여러분에게 텔레비전은 어떤 물건인가요? 즐거움을 주는 기계인가요? 그럼 '텔레비전은 즐거움을 준다. 보고 있으면 시간 가는 줄 모른다.'고 쓰는 겁니다. 다른 의견도 있을 거예요. 텔레비전은 기계다, 텔레비전은 친구다, 텔레비전은 비싸다, 텔레비전이 없으면 불편하다, 텔레비전은 사람을 바보로 만든다. 얼마든지 쓸 수 있죠? 두 줄 아니라 열 줄도 쓸 수 있을 거예요. 이렇게 해 놓고 보니까 텔레비전에 대해 할 말이 많아졌지요? 쓸 거리가 그만큼 많아진 겁니다.

'1분 쓰기'를 해도 좋습니다. 글감을 하나 놓고 1분 안에 쓸 수 있는 만큼 쓰는 겁니다. 아무거나 써도 좋습니다. 정 쓸 게 없으면 '아, 모르겠다.', '정말 답답하다.'고 써도 됩니다.

실제로 김 기자가 이런 수업을 해 봤더니 학생들이 오리처럼 입을 쑥 내밀고 툴툴대더군요.

"1분 안에 어떻게 글을 써요?"

어떤 녀석은 "선생님은 쓸 수 있어요?"라고 도전하더군요. 하지만 김 기자가 누굽니까? "당연하지."라고 답하면서 시계를 들고 시간 재는 시늉을 했습니다. 학생들은 금세 마음이 누그러져서 100m 달리기 출발선에 선 것처럼 바짝 긴장하더군요.

"자, 시작!"

그때 글감은 '나'로 정했습니다. 처음 1분 동안은 이름, 학교, 나이 정도만 쓰고 말더군요. 적응이 안 된 거지요. 1분을 더 주었습니다. 그러자 가족 관계, 별명, 취미 같은 걸 쓰더군요. 1분을 몇 번 더 주었더니 친구, 장래 희망, 장단점까지 나왔습니다. 처음에 불평하던 아이들이 슬슬 글쓰기를 즐기기 시작했습니다. 그다음엔 선심 쓰듯 2분, 3분을 주면서 내용을 정리하라고 했지요. 한 30분 동안 이렇게 하고 나니까 한 편의 글이 완성되었습니다. 학생들은 자기들이 만들어 낸 결과에 스스로 놀랐습니다. 그 짧은 시간에 글 한 편을 완성했다는 게 믿어지지 않았던 거지요.

여러분도 가능한 일입니다. 한번 해 보고 싶죠? 시작이 반입니다. 일단 시작해 보는 겁니다. '글쓰기는 생각 쓰기'라는 걸 기억하면서!

글쓰기는 대화하기

①

저팔계가 사오정에게 묻습니다.

"저녁엔 오리고기 먹는 게 어떨까?"

사오정이 대답했습니다.

"돼지에 진주 목걸이가 무슨 뜻이야?"

②

유명한 경제학 교수가 초등학생 손자와 대화를 나눕니다.

"오늘날 세계경제는 신자유주의의 허실을 고스란히 보여 주고 있어. 그 이유를 아니?"

"네?"

③

서울 한복판에서 길 잃은 외국인이 지나가는 사람에게 묻습니다.

"옆에 시청 가야 합니까? 어떻게 덕수궁?"
"뭐라고요?"
"덕수궁 시청 옆에 가야 합니까? 어떻게?"
"네에?"

　하나같이 대화가 안 되는 사례들이죠? 누군가와 대화하려면 상대를 배려하는 게 첫째 원칙인데 그게 전혀 이뤄지지 않았네요. 대화할 때처럼 글을 쓸 때도 읽는 이를 배려하지 않으면 실패하기 쉽습니다. 글이란 자기 생각을 독자에게 문자로 전하는 것입니다. 당연히 읽는 사람 입장이 돼 봐야지요.

독자를 배려하는 글을 쓰려면 어떻게 해야 할까요?

첫째, 내 글이 독자가 읽고 싶어 하는 내용인지 생각해서 글감을 골라야 합니다. ①번 예시를 다시 볼까요? 저팔계가 알고 싶은 것은 오늘 저녁에 뭘 먹을 것이냐는 겁니다. 하지만 사오정은 딴소리를 합니다. 저팔계가 듣고 싶어 하는 것을 무시하고 제 얘기만 한 겁니다. "오늘 숙제가 뭐냐?"고 묻는 친구에게 "우리 반이 옆 반과 축구해서 이겼다."고 말하는 꼴입니다. 정말 황당하겠죠? 독자가 읽고 싶은 게 뭔지 정확히 아는 게 쉬운 일은 아닙니다. 그래도 그게 무엇일지 생각하면 할수록 독자에게 가까이 다가가는 글을 쓸 수 있습니다.

둘째, 내 글이 독자의 눈높이와 맞는지 고민해야 합니다. 독자가 이해하지 못하면 아무리 좋은 생각과 의견을 담아도 소용없습니다. ②번 예시에서 볼 수 있듯이 초등학생에게 세계경제를 얘기하는 건 '쇠귀에 경 읽기'죠. 중학생에게 서너 살짜리 아이에게 말하듯 글을 쓰는 것도 문제겠지요.

셋째, 글이 문법에 맞아야 합니다. 문법은 글을 읽고, 쓰는 사람이 지켜야 할 약속입니다. 그것을 지키지 않으면 의사소통이 이뤄지지 않지요. ③번 예시가 그런 경우입니다. 문법을 지키지 않으니까 우리말이라도 이해하기 힘든 겁니다. 문제는 문법에 맞게 쓰는 게 쉽지 않다는 겁니다. 좋은 글, 잘 쓴 글을 보면서 문법이 몸에 배도록 해야 합니다.

넷째, 독자가 내 머릿속에 들어 있는 생각을 모른다는 걸 늘 기억해야 합니다. 그러니까 글을 쓸 때는 누가 언제 무엇을 왜 어디서 어떻게 했는지 알 수 있게 정보를 충분히 줘야 합니다. 글을 쓰는 사람은 자기 생각을 잘 알지만 독자는 그렇지 않아요. 생략된 내용, 암시하는 내용을 모를 수 있어요. 김 기자가 가끔 학생들 글을 놓고 궁금한 내용을 물으면 "기자가 이런 것도 몰라요?" 하면서 발끈합니다. 방귀 뀐 놈이 성내는 꼴이지요. 그러지 마세요. 독자는 더 답답하답니다.

다섯째, 형식에 맞게 글을 써야 합니다. 친구에게 안부를 묻는 이메일을 설명문이나 논설문 형식으로 써서 보내면 어떨까요? 친구가 "너, 개그 하니?" 하며 배꼽 잡을 겁니다. 국어 서술형 시험에서 주제 문장을 찾아 적으라고 했는데 자기 느낌을 감상문처럼 적어 보세요. 선생님이 좋아할까요?

글쓰기는 독자와 문자로 대화하는 일입니다. 독자가 내 글을 잘 알아듣는지, 그렇지 않다면 어떻게 해야 할지 생각하면서 글을 써야 합니다. 그것만 잘해도 글쓰기의 절반은 성공하는 겁니다.

세상 모든 게 글감

"며느리도 몰라요!"

텔레비전 요리 프로그램에서 '맛있는 집'을 찾아가 맛의 비결을 물으면 신기하게도 똑같이 이렇게 대답합니다. 비밀이니까 안 가르쳐 주겠다는 거죠. 그러면서 흔쾌히 공개하는 비결이 하나 있습니다. "좋은 재료를 써야죠." 솜씨가 아무리 좋아도 재료가 시원찮으면 맛이 안 난다는 겁니다.

요리에서 재료가 중요하듯 글 쓸 때도 글감이 중요합니다. 글감이 마땅치 않으면 쓰고 싶은 마음조차 안 생기니까요. 그래서야 제대로 된 글이 나올 수 없죠. 글감은 뭐니 뭐니 해도 자기 마음에 들어야 합니다. 그러면 쓸 마음이 생기고 쓸 거리를 찾게 되니까요.

또 글감은 익숙한 게 좋습니다. 익숙하지 않은 재료로 맛있는 음식을 만들 수 없는 이치와 같습니다. 낙지의 특성도 모르면서 낙지볶음을 만들 수는 없잖아요. 여러분에게 '국제 경기 침체 속에서 환율이 상승하는 원인과 대책'을 쓰라면 어떻겠어요? 시작할 엄두가 나지 않을 겁니다.

그나저나 여러분은 글감을 쉽게 찾는 편인가요? 그렇다면 다행이네요. 김 기자는 20년 넘게 글을 써 오면서 한 번도 쉽게 글감을 찾은 적이 없거든요. 동료 기자나 아들딸에게까지 "요즘 뭐가 화제야?"라고 물으며 글감을 구걸할 때도 있으니까요. 그러다 원고 마감 전날 저녁 식사 자리에서 들은 얘기로 겨우 글을 쓴 적도 있답니다.

김 기자가 유명한 작가에게 글을 써 달라고 부탁할 때도 사정은 비슷합니다. 글쓰기가 직업인 사람들도 뭘 쓸까 고민 고민하다 시간에 쫓겨 "내가 진짜 쓰고 싶은 건 이게 아닌데……."라며 원고를 내밀 때도 많거든요.

왜 이렇게 글감 찾는 게 어려울까요? 자기가 잘 알면서, 자기 생각을 잘 담아내면서, 남에게 감동과 지혜와 재미를 줄 만한 재료를 찾아야 하니까 어려운 거지요. 그걸 도와줄 사람도 없잖아요. 오로지 자기 혼자 힘으로 고독하게 해내야 하니까 힘든 일이죠.

그러면 글감을 찾는 방법은 없을까요? 김 기자 경험으로는 글 쓰는 사람이 잘 아는 것, 체험한 것, 절실한 것 중에서 찾는 게 효과적입니다. 여러분도 글짓기 숙제를 할 때 멀리 갈 것 없이 '나'를 중심에 놓고 글감을 찾아보세요. 자기의 외모, 습관, 특기, 취미, 장단점 같은 걸 써 보는 거예요.

예를 하나 들까요.

나는 손톱을 물어뜯는 습관이 있다. 공부할 때도, 텔레비전을 볼 때도, 엄마와 얘기할 때도 손톱을 오징어처럼 씹는다. 걱정거리가 생기거나 긴장할 때는 아예 뼈다귀를 문 개처럼 물고 늘어진다. 달콤한 맛도, 고소한 맛도 없는데 왜 그러는 걸까? 엄마는 그런 내 모습을 보면 화가 나서 손가락에 반창고를 몽땅 두르겠다고 협

박한다. 누나도 "세균을 입에 달고 사니 건강에 참 좋겠다."고 약을 올린다. 하지만 내 손톱과 입은 서로 사랑하는지 만날 붙어 있으려고 한다. 손가락을 자를 수도 없고 입을 막을 수도 없고. 참 걱정이다.

어떤 학생이 자기 버릇을 솔직하게 쓴 글입니다. 사소한 내용이지만 자기가 잘 아는 자신의 얘기를 글로 써서 꽤 재미있는 글이 됐습니다.

'나'를 중심에 둔 몇 가지 글감을 더 생각해 볼까요? 몸짱을 꿈꾸는 갈비씨, 얼짱이 울고 갈 꽃미남, 화장실에서만 노래 솜씨가 살아나는 명가수, 잠 깨는 데만 30분 걸리는 늦잠대왕, 밥보다 게임을 더 좋아하는 게임광……. 이런 식으로 자기 자신의 특징을 찾아보세요. 쓸 거리가 우르르 굴러 들어올 겁니다.

글감은 우리들 집안에도 많습니다. 군인처럼 무서운 아빠, 잔소리 전문가인 엄마, 얄미운 짓만 하는 막내 동생, 멋 부리는 데 인생을 건 형, 공부가 재미있다는 이상한 언니 등이 모두 글감이지요. 귀신 나올 것 같은 내 방, 도서관 같은 아빠 방, 보물 창고 같은 베란다, 가족 오락실 같은 거실 등도 글감이 되겠죠?

글감으로 '군인처럼 무서운 아빠'를 골랐다고 합시다. 아빠는 왜 무뚝뚝할까, 무뚝뚝한 모습은 누구를 닮았을까, 아빠는 날 사랑하지 않나, 일이 너무 힘드신가, 내가 잘못한 건 뭘까 등을 생각하다 보면 쓸 거리가 팍팍 떠오를 겁니다.

'도서관 같은 아빠 방'을 고를 수도 있겠네요. 이때 방 분위기는 어떤지, 어떤 책이 많은지, 아빠가 좋아하는 책은 무엇인지, 책을 사기 위해 돈은 얼마나 쓰는지 관찰하고, 모르는 건 아빠에게 물어보는 겁니다. 금세 글 한 편 쓸 내용이 모아질 거예요.

'학교생활'을 생각해 봐도 좋습니다. 담임선생님이나 우리 반의 명물 친구도 좋고, 시끌벅적한 점심시간, 졸음 쏟아지는 5교시 수업, 기분 나쁜 체벌도 다 글감입니다.

이왕 글감을 고를 거면 독자에게 새로운 느낌을 주는 게 좋겠지요. 재미있거나 무서워서 잊혀지지 않는 것, 남에게 꼭 알려 주고 싶은 것, 기억해 둘 가치가 있는 것이면 금상첨화입니다.

그렇다고 우리가 직접 겪은 것만 글감이 된다는 편견은 버리세요. 책에서 읽었거나 다른 사람에게서 들은 것도 글의 재료가 됩니다. 거기에 자기만의 느낌과 생각을 담거나 새로운 이야깃거리를 보태면 되니까요. 사람들과 대화도 많이 하고 좋은 책도 많이 읽어야 글을 잘 쓸 수 있다고 말하는 게 바로 이런 이유에서입니다.

눈을 크게 뜨고 아니 작게 뜨고라도 세상을, 자기를 관찰해 보세요. 그리고 상상해 보세요. 세상 모든 게 글감입니다.

글감을 찾는 특별한 방법; 나만의 글쓰기 창고를 만들자!

좋은 글을 쓰는 사람들에겐 공통점이 있습니다. 자기만의 '글쓰기 창고'를 하나씩 갖고 있다는 겁니다. 글쓰기 창고는 필요할 때 언제든 갖다 쓸 수 있도록 평소에 자료를 모아 놓는 곳이지요. 언젠가 써먹겠다는 마음으로 상큼한 표현, 좋은 문장, 독특한 사건, 재미있는 이야기 등을 잘 정리해 놓는 공간입니다.

글쓰기 창고를 만드는 방식은 사람마다 다릅니다. 책을 읽다 좋은 대목을 만나면 밑줄을 긋는 손쉬운 방법부터 작은 독서 카드나 큼지막한 공책에 스크랩하는 방법까지 다양합니다. 아무래도 밑줄만 긋는 방법은 권하고 싶지 않습니다. 당장은 편하지만 나중에 필요한 자료를 다시 찾아내기 어려우니까요.

스크랩할 때는 '가나다' 순서로 정리하는 게 편리합니다. 그러려면 스크랩하려는 내용의 핵심어를 잘 뽑아내야 합니다. 언제 어떤 자료에서 뽑아 왔는지도 기록해 두세요. 남의 글을 인용할 때는 어디서 가져왔는지 밝혀야 할 때도 있거든요. 내용을 직접 옮겨 적으면 기억에 오래 남으므로 좋습니다. 하지만 내용이 너무 길어서 옮겨 적기 힘들면 필요한 부분을 오려 붙이세요. 쓰기 싫어 스크랩을 안 하는 것보다는 나으니까요.

스크랩북은 풍성한 글을 쓰기 위한 좋은 창고가 되기도 하지만 훗날 여러분의 독서 이력을 되돌아볼 수 있는 좋은 추억거리도 될 겁니다.

생각 그물로 글을 잡는다

　음식 재료를 구했다고 곧바로 요리할 수 있나요? 무슨 요리를 할지, 어떤 순서로 할지, 몇 명이 먹을지 먼저 생각해야 합니다. 그렇게 하지 않고 감자, 파, 돼지고기, 간장, 고춧가루 등 재료를 멋대로 넣고 끓여 대면 요리가 될 수 없습니다.

　마찬가지로 글감을 정했다고 바로 글 쓸 수 있는 거 아닙니다. '글쓰기는 생각 쓰기'라고 했지요? 글감을 어떻게 요리할 건지 이 생각, 저 생각 해 봐야 합니다. 그런데 생각이란 놈이 한자리에 가만히 있나요? 금세 연기처럼, 방귀처럼 휙 사라지지 않나요? 우리가 머릿속에서 떠올린 생각을 하나하나 기록해 둬야 하는 건 그 때문입니다. 이렇게 생각이 지나온 자리를 알 수 있도록 기록해 놓은 걸 '마인드맵'이라고 합니다. 마인드맵은 미인드(mind:생각)와 맵(map:지도, 그물)을 합친 말입니다. 우리말로 '생각 그물' 쯤 됩니다.

　마인드맵을 만들다 보면 중요한 것과 쓸데없는 것이 한눈에 들어옵니다. 그래서 공부할 때 자기가 알고 있는 것을 정리하거나 일상생활

을 하면서 어떤 계획을 짤 때도 활용할 만합니다. 그러니 이참에 제대로 익혀 두세요.

지금부터 마인드맵을 직접 만들어 보면서 요령을 배워 봅시다. 마인드맵을 할 때는 큼지막한 종이를 준비하세요. 그 종이 한가운데에 동그라미나 네모를 그려 넣고 그 속에 마인드맵 할 대상, 곧 글감을 눈에 띄게 적어 놓습니다. 보기 좋게 그림을 그려 넣어도 좋습니다. 글감은 무엇이든 괜찮습니다. 여기서는 글감으로 '똥'을 고르겠습니다.

똥

여러분은 '똥' 하면 무슨 생각이 떠오르나요? 김 기자가 학생들에게 똑같은 질문을 하면 다들 똥 씹은 얼굴을 하고는 합창하더군요. "더러워요." 그러면서 이린 대답을 합니다. "냄새 나요.", "밥맛 떨어져요.", "묻을까 봐 겁나요." 자기들은 똥 안 누나! 대답이 한결같이 더러워서 실망했지만 꾹 참고 "머리에 떠오르는 걸 낱말로 하나하나 적어 봐."라고 주문했습니다.

생각이 제 마음대로 놀게 내버려 둬야 꼬리에 꼬리를 물고 이어지거든요. 이건 이래서, 저건 저래서 안 된다고 따지기 시작하면 생각이 말라 버리거든요. 처음 떠오르는 말은 굵은 선으로 연결하고, 그다음에 떠오르는 말은 가는 선으로 이으라고 요령도 알려 주었지요.

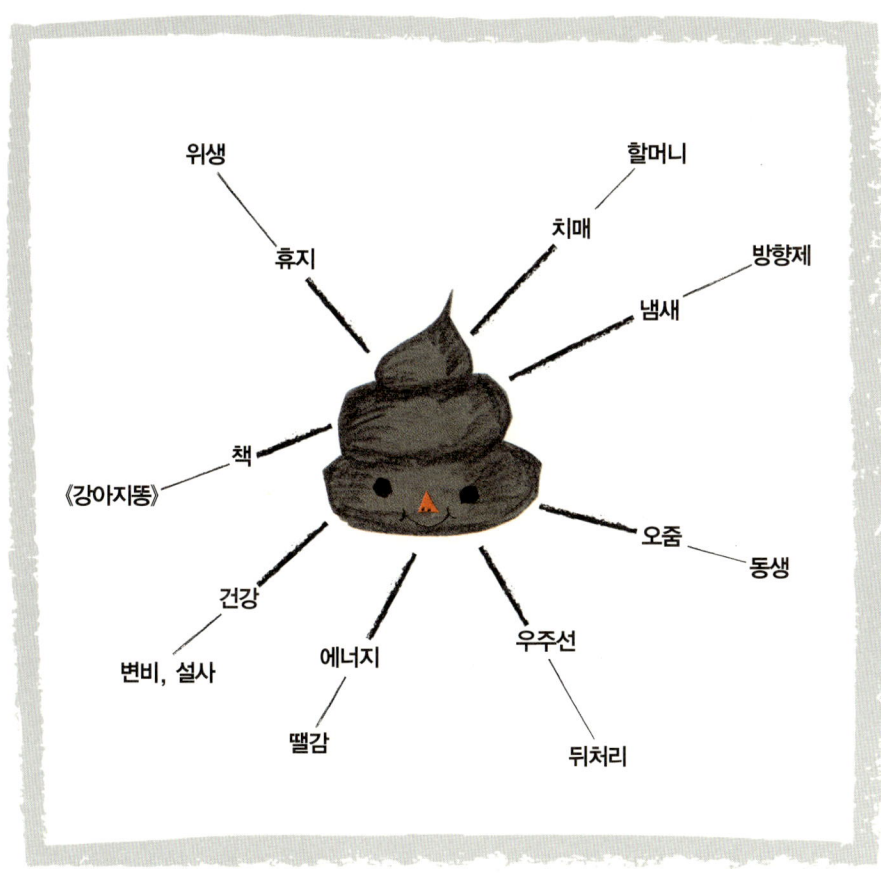

조금 기다렸다가 결과물을 봤더니 학생들이 적은 낱말이 나뭇가지처럼 왼쪽, 오른쪽, 위쪽, 아래쪽으로 뻗어 나가 제법 풍성해졌습니

다. 자기들 대답이 너무 단순하다는 걸 느꼈는지 고민해서 찾은 낱말도 꽤 있었습니다. 그중에는 건강이란 낱말이 있었습니다. 똥을 못 누면 몸에 안 좋다는 생각에서 쓴 겁니다. 여러분이나 김 기자나 지금도 몸속에서는 똥을 만들고 있잖아요. 그게 안 만들어지면 어떻게 되겠어요? 큰일 나지요. 변비, 설사가 다 똥을 제대로 못 만들어서 생기는 거니까요.

똥에서 에너지를 생각한 멋진 친구도 있었습니다. 농촌에서는 닭똥과 사람 똥을 밭에 뿌려 땅 힘을 키우기도 하거든요. 옛날엔 똥으로 돼지와 물고기를 키우기도 했답니다. 아프리카와 인도에서는 쇠똥을, 티베트에서는 야크의 똥을 말려 땔감으로 쓰기도 하고 벽을 쌓는 데 이용하기도 합니다.

독특하게도 똥에서 책을 떠올린 학생도 있었습니다. 똥이란 말이 들어간 책이 많기 때문이랍니다. 여러분도 잘 아는 동화 작가 권정생 선생님의 《강아지똥》만 해도 똥을 소재로 쓴 작품이잖아요. 김 기자가 인터넷을 뒤져 봤더니 똥과 관련된 책이 정말 많더군요. 《똥 싼 할머니》, 《누가 내 머리에 똥 쌌어?》, 《주먹만 한 내 똥》, 《똥이 어디로 갔을까》, 《똥은 참 대단해!》 등 일일이 열거하기 어려울 정도였습니다. 말로는 더럽다고 하지만, 여러분이 그만큼 똥에 관심이 많다는 증거겠죠?

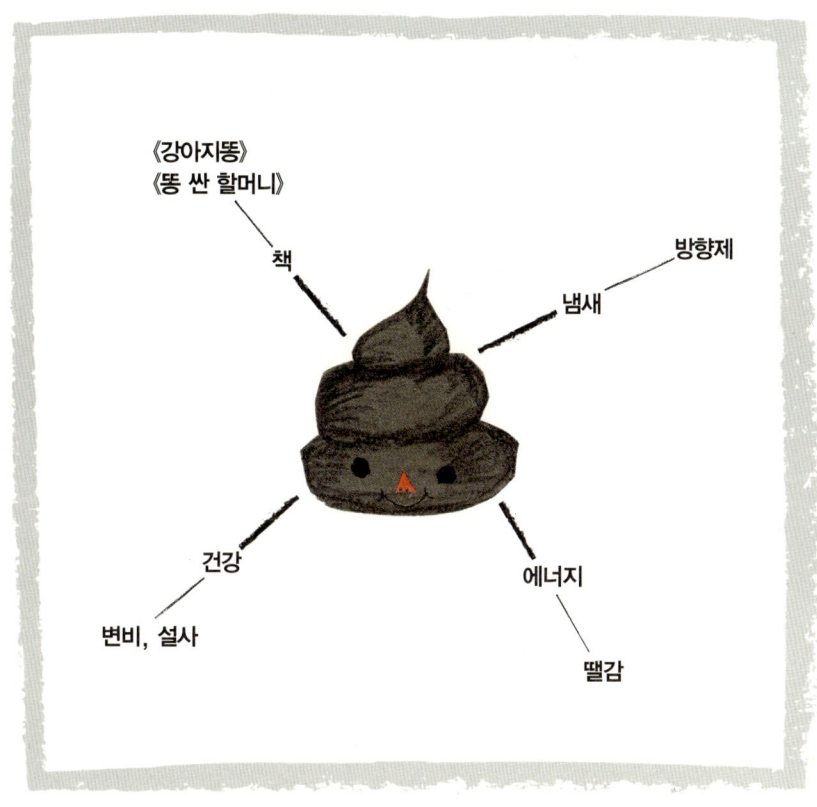

벌써 똥에 관한 생각이 네 가지나 나왔네요. 얼마든지 더 생각할 수 있을 겁니다. 똥에서는 왜 냄새가 나는지, 똥은 어떻게 만들어지는지, 우주선에선 똥을 어떻게 처리하는지 생각해 볼 게 많잖아요.

이렇게 생각을 모아 마인드맵을 실컷 만들어 놓아도 나중에 보면 한심할 때가 있습니다. 도대체 왜 이런 생각이 떠올랐을까, 이 낱말과 저 낱말은 무슨 상관이 있지? 하고 고개를 갸우뚱거리는 학생들도 많습니다. 당연합니다. 앞에서 말했잖아요? 생각은 연기처럼 제멋대로 흩어진다고. 어떤 친구들은 확실하게 하겠다며 문장으로 적어 가면서 마인드맵을 만들려고 하더군요. 말렸습니다. 문장을 적다 보면 금세 하기 싫어지니까요. 문장 쓰느라 생각이 다 도망가거든요.

　마인드맵을 할 때는 그냥 낙서하듯 생각나는 것들을 적으세요. 자연스레 비슷한 낱말이 모이고 중요한 낱말이 둥둥 떠오를 거예요. 그런 걸 뽑아내서 몇 개의 주제로 엮어 보는 거예요. 그러면 한 편의 글을 쓸 준비가 되는 겁니다. 거듭 강조하자면 마인드맵은 즐거운 마음으로 낙서하듯 하세요.

주제는 똑 부러져야

음식을 만들 때는 무엇을 만들 것인가부터 결정해야 합니다. 그래야 마땅한 재료를 구할 수 있으니까요. 재료를 구했다고 무조건 끓이기만 하면 요리가 되는 건 아닙니다. 재료가 김치라면 김치로 국을 끓일 건지 찌개를 만들 건지 죽을 쑬 건지 정해야 합니다. 국을 끓이다가 맛과 모양이 안 나온다고 찌개로, 그것도 안 돼 죽으로 바꿔 보세요. 개밥이 되고 말 겁니다.

요리할 때 뭘 만들 것인가부터 결정해야 하는 것처럼 글을 쓸 때도 마찬가지입니다. 내가 쓸 글의 주제가 무엇인지부터 정해야 합니다. 주제, 곧 글 쓰는 사람이 읽는 사람들에게 전하려는 중심 생각을 정하지 않고 썼다가는 죽도 밥도 안 되거든요.

왜 주제부터 정해야 할까요? 무엇에 대해 어떤 내용으로 쓸 것인지 정하면 그것을 뒷받침해 줄 거리들을 짜임새 있게 생각할 수 있기 때문입니다. 달랑 '텔레비전'이란 낱말 하나 놓고 글을 쓰려면 생각할 게 너무 많지만 '텔레비전의 장점'을 주제로 삼으면 훨씬 구체적이고 짜임새 있게 생각을 모을 수 있습니다. 또 주제를 잡아 놓으면 글이 나아갈 방향이 잡혀서 쓰기도 훨씬 편합니다.

주제는 어떤 기준으로 정해야 할까요? 글감을 정할 때와 마찬가지로 쓰는 사람이 잘 아는 것이어야 합니다. 감당하지도 못할 주제를 잡았다가는 제풀에 지쳐 버리거든요. 라면도 못 끓이면서 탕수육을 만들 수는 없는 법이니까요. 주제는 쓰는 이가 마음대로 갖고 놀 수 있는 것으로 잡아야 합니다. '컴퓨터게임의 나쁜 점' 같은 주제라면 여러분이 어떻게 써 보겠지만 '컴퓨터게임이 지능에 미치는 효과'는 좀 버겁잖아요. 그렇다고 자기만 잘 아는, 다른 사람은 관심도 없는 걸 주제로 삼으면 곤란하겠죠. 글쓴이의 혼잣말이 되기 쉬우니까요.

주제가 너무 넓거나 막연해도 안 됩니다. 독자가 읽기 힘든 것도 문제지만 쓰는 건 더 힘드니까요. 주제는 똑 부러질 정도로 분명하고 구체적이어야 합니다.

주제를 정했으면 핵심 내용을 하나의 문장으로 써 놓는 게 바람직합니다. 주제 문장을 꽝 박아 놓으면 글이 가야 할 이정표와 최종 목적지가 생겨 쓰기가 한결 편하거든요. 주제문을 정하지 않고 글을 쓰면 자칫 주제가 점점 넓어지거나, 본래 주제에서 벗어나 엉뚱한 방향으로 글이 뻗어 나갈 수도 있습니다.

꼭 기억해야 할 것은 주제문이 두 개로 갈라지면 안 된다는 겁니다. 아쉽게도 그게 생각처럼 잘 되지는 않습니다. 빛이 있으면 그림자가 있듯이 우리가 글에서 다루려는 것들은 대개 두 가지 면이 있거든요. 앞에서 예로 든 텔레비전이나 컴퓨터게임만 해도 그렇잖아요. 장점과 단점을 다 갖고 있으니까요. 그렇다고 어정쩡하게 '텔레비전에는 장점도 있고, 단점도 있다.'고 양다리를 걸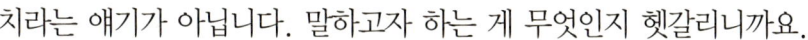치라는 얘기가 아닙니다. 말하고자 하는 게 무엇인지 헷갈리니까요.

　그럼, 도대체 어떻게 하란 말이냐고요? 지금 이 글을 써야 하는 이유나 동기를 생각해 보는 겁니다. 그중에서 가장 중요한 것을 중심 주제로 삼아 거기에 집중하는 겁니다. 텔레비전 드라마를 흉내 낸 범죄가 발생했다면 드라마의 문제점에 대해서, 또는 드라마 보는 방법에 대해서 초점을 맞추는 겁니다. 주제를 두루뭉술하게 잡지 말고 뾰족하게 만들어 보세요. 그것이 곧 좋은 글을 쓰는 지름길입니다.

김 기자의 글쓰기 특강 자기 소개서 쓰기

저는 문장초등학교 6학년 김태수입니다. 우리 가족은 네 식구입니다. 회사원이신 아빠와 가정주부이신 엄마, 첫째 아들인 저와 4학년인 여동생이 화목하게 살고 있습니다. 제 취미는 컴퓨터게임입니다. 게임을 많이 하기 때문에 엄마와 자주 다툽니다. 하지만 게임을 열심히 해서 나중에 게임 프로그래머가 되고 싶습니다.

우리 가족은 외계인 가족 같습니다. 뚱뚱한 회사원인 아빠와 날씬한 가정주부인 엄마, 장대같이 큰 대학생 누나, 땅딸보 6학년인 제가 함께 서 있으면 생김새도 크기도 다 다른 외계인들이 북적거리는 영화 '스타워즈'의 한 장면 같습니다. 제 별명은 끈끈이입니다. 무엇에 한번 붙으면 떨어지지 않습니다. 공부할 때도, 게임할 때도 한번 시작하면 끈덕지게 달라붙습니다. 특히 게임할 때는 밤 12시가 넘어도 꼼짝하지 않습니다. 그래서 식구들은 저를 '끈끈이'라고 부릅니다.

어때요? 앞의 글보다 뒤의 글이 재미있지 않나요? 읽는 사람의 기억에도 더 오래 남겠죠? 단순히 재미있어서가 아닙니다. 소개하려는 대상이나 내용의 특성을 생각해서 구체적으로 표현했기 때문이지요.

자기 소개서를 쓸 때는 반드시 구체적으로 쓰세요. "성격은 차분한 편이며 말은 많지 않다. 특기는 만들기인데 재료만 있으면 뭐든지 잘 만든다. 취미는 독서다. 장래 희망은 변호사다."

이런 식으로 막연하게 정보를 늘어놓으면 그 사람의 이미지를 떠올릴 수가 없습니다. 성격이 차분하면 어느 정도 차분한지 자세히 쓰세요. 이를테면 시험 전날에도, 무서운 놀이 기구를 탈 때도 별로 두려워하지 않는다고 말입니다.

변호사가 되려는 이유를 말하면서 '정의로운 사회를 만들기 위해'라고 쓰면 어떨까요? 당연한 소리라서 아무런 느낌을 주지 못합니다. 차라리 일화를 넣는 겁니다. 영화 속에서 혹은 가까운 주변 사람 중에서 억울한 일을 당하고도 호소할 곳조차 없는 사람을 보니 화가 났고, 그런 사람들을 돕고 싶어 변호사가 되고 싶다고 쓰는 겁니다.

자기 소개서를 쓰다 보면 무심코 자신을 과대 포장할 때가 있습니다. '읽는 사람은 나를 모를 테니까.'라고 생각하기 때문입니다. 이런 술수는 금방 들통 납니다. 솔직한 게 최선입니다. 좀 부족한 점이 있어도 그걸 적으면서 더 나은 내가 되도록 노력하겠다고 말하는 게 훨씬 매력적입니다. 오해하진 마세요. 현미경을 보듯이 자기 단점을 낱낱이 집어내라는 건 아닙니다.

<u>자기 소개서를 쓰는 특별한 형식은 없습니다. 다만 자신을 보여 줄 내용을 반드시 구체적으로 쓸 것, 이 점을 잊지 마세요.</u>

2장

문장, 너를 알아보마!

- 문장의 주인공은 누구?
- 기초 튼튼, 문장 튼튼
- 문장은 줄줄이 사탕 – 문장 연결법
- 김 기자의 글쓰기 특강 | 신문 기사 쓰기

문장의 주인공은 누구?

 피 묻은 원고지를 받아 본 적 있나요? 어째 좀 으스스하지요? 김 기자가 막 신문사에 들어갔을 때 일입니다. 데스크(기자의 글쓰기를 지휘하는 간부)가 빨간 종이를 휙 던져 주며 "가져가, 인마." 그러는 겁니다. 김 기자가 전날 밤 낑낑대며 쓴 기사를 빨간 펜으로 난도질한 거죠. 생니 뽑듯 낱말을 뽑아내고 글의 꼬랑지 부분을 머리에 갖다 붙였더군요. 문장과 문단을 목을 베듯 통째로 잘라 내기도 했습니다. 엉터리 문장은 고치고, 헐거운 문장은 조이고, 쓸데없는 문장은 잘라 낸 결과, 원고는 반 토막이 됐습니다.
 여러분에게 김 기자의 부끄러운 과거를 들춰 보여 준 것은 문장을 정확하고 아름답게 쓰는 게 쉽지 않다는 걸 알려 주기 위해서입니다. 문장에는 이루 다 설명할 수 없는 기능과 의미가 담겨 있거든요.
 문장은 글을 구성하는 기본 단위입니다. 문장이 모여 글이 되니 문장이 곧 글이라고 해도 틀린 말은 아닙니다. 그러니 한 문장을 제대로 못 쓰면 한 편의 글을 못 쓰는 건 당연하지요. 따라서 글을 잘 쓰려면 문장이 어떻게 생겨 먹었는지 알아야 합니다. 문장이 무엇으로 구성돼 있는지 알아야 한다는 말입니다. 지금부터 여러분이 어려워하고, 지루해할 수 있는 문장의 주요성분에 대해 짚어 볼까 합니다. 낯설다고, 어렵다고 피한다면 한 문장을 제대로 쓸 수 없습니다. 그러니까 마음을 단단히 먹자고요. 자, 그럼 문장을 구성하는 데 꼭 필요한 주요성분을 차례대로 살펴볼까요?

춘향이는 아름답다.
　주어　　서술어

　이 문장은 무엇에 대해 말하고 있나요? 그렇습니다. 춘향이입니다. 춘향이가 어떻다는 거죠? '아름답다' 는 겁니다. 무엇이(춘향이) 어떠하다(아름답다)는 걸 알려 주는 문장이지요.
　이렇게 모든 문장은 '무엇이(또는 누가) 어떠하다(또는 어찌하다)' 란 말로 구성돼 있습니다. '무엇이' 또는 '누가'에 해당하는 것을 주어(主語)라고 부릅니다. 한자를 풀이하면 '주인(主)이 되는 말(語)' 이라는 뜻이지요. 주어는 '어떠하다' 또는 '어찌하다' 의 주인입니다. '아름답다' 의 주인이라는 말입니다. 위 문장에선 바로 춘향이입니다. 여기서 '춘향이', 곧 주어를 빼면 어떻게 될까요. 말이 아예 안 됩니다. 아름답긴 아름다운데 누가 아름답다는 건지 알 수 없으니까요.

주어처럼 문장에서 없어서는 안 되는 것이 있습니다. 주어가 '어떠하다' 또는 '어찌하다' 고 알려 주는 말이지요. 위의 문장에서 '아름답다'가 그에 해당합니다. 이렇게 주어의 상태, 성질, 움직임 따위를 나타내는 말을 '서술어' 또는 줄여서 '술어'라고 합니다.

주어와 서술어만 있으면 문장이 다 될까요?

춘향이가 이몽룡을 기다린다.
주어   목적어   서술어

이 문장의 주어는 '춘향이'이고 서술어는 '기다린다' 입니다. 그런데 주어와 서술어 둘만 있어도 온전한 문장이 되나요? 춘향이가 뭘 기다리는지 알 수가 없죠? '이몽룡'이 반드시 필요합니다. 서술어 '기다린다'의 대상이 되는 이몽룡이 있어야 한다는 말이지요. 이렇게 '무엇을'에 해당하는 문장성분을 '목적어'라고 합니다. 여기선 '이몽룡'이 목적어입니다.

누나는 대학생이 되었다.
주어   보어   서술어

위의 문장은 또 다른 성분을 갖고 있네요. 주어(누나)와 서술어(되었

다) 말고 대학생이란 말이 있네요. 그런데 그 말이 없으면 뜻이 전달 되나요? 누나가 되긴 됐는데 뭐가 되었는지 알 수가 없잖아요. 이렇게 주어와 서술어만으로 뜻이 완전하지 못할 때 주어의 내용을 보충해 주는 말, 곧 '보어'가 필요합니다. 한자로 '보충해 준다'는 뜻이 있는 보(補) 자를 써서 보어라고 부릅니다.

지금까지 살펴본 주어, 서술어, 목적어, 보어만 있으면 모든 문장을 만들 수 있습니다. 어떻게 보면 드라마의 주인공 같은 성분이죠. 주인공들이 없으면 이야기가 안 굴러가듯이 이들이 없으면 문장이 제구실을 못합니다. 거꾸로 말하면 이 성분들이 서로 잘 어울리기만 하면 좋은 문장이 됩니다.

설명이 좀 어려웠나요? 하지만 여러분은 이미 문장 성분을 살려서 말을 하고 글을 쓰고 있습니다. 용어가 낯설지만 앞으로 자주 나오는 것들이니까 피하지 말고 적응하도록 노력하기 바랍니다. 피한다고 해결될 문제가 아니니까요.

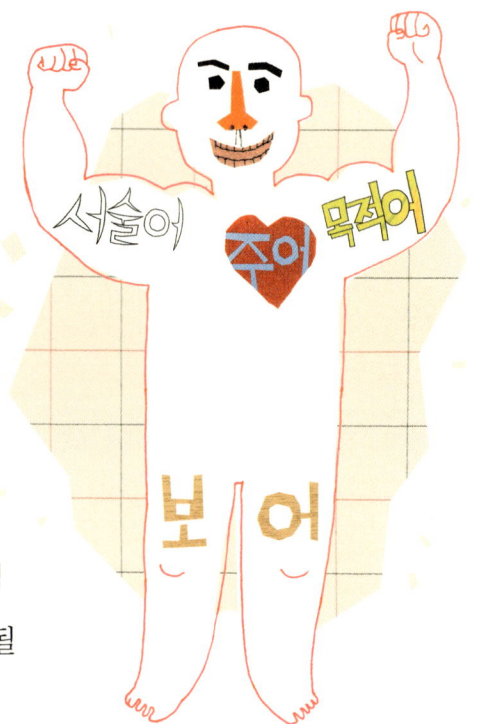

문장의 조연은 누구?

드라마에 주인공만 있나요? 그렇지 않죠. 주인공을 돋보이게 하는 조연들이 꼭 있잖아요. 문장에도 주요성분을 도와주는 부속성분이 있어요. 사물이나 사람을 나타내는 말 앞에서 그것이 어떠하다는 걸 설명해 주는 관형어란 게 있습니다. 앞의 본문에서 살펴본 주요성분인 춘향이, 이몽룡, 누나, 대학생에 관형어를 붙여 볼까요. '착한'(춘향이), '잘생긴'(이몽룡), '똑똑한'(누나), '비판적인'(대학생)……. 어때요, 내용이 한결 풍성해졌지요? 이렇게 주어, 보어, 목적어 구실을 많이 하는 말 앞에서 이를 꾸며 주는 성분을 관형어라고 합니다.

서술어를 꾸며 주는 부속성분으로는 부사어가 있습니다. '매우 아름답다'란 문장에서 아름답다란 말 앞에 붙인 '매우'란 말이 그런 예입니다. '기다린다'란 서술어 앞에도 '애타게'란 부사어를 붙일 수 있습니다. 이처럼 부사어는 서술어로 많이 쓰이는 동사나 형용사의 의미를 더 자세하게 꾸며 줍니다. 부사어는 다른 부사어나 관형어를 꾸며 주기도 합니다. '애타게'란 부사어나 '착한' 같은 관형어 앞에 붙일 수 있는 '매우'가 그런 경우이지요. 이 밖에도 주요성분이나 부속성분과 관계없이 문장에서 따로 독립해 있는 성분, 곧 독립어가 있습니다. '아, 세월이 잘도 가는구나.'에서 '아' 같은 감탄사는 문장 전체를 꾸며 줍니다. '너는 갔다. 그러나 나는 너를 잊지 못한다.'에서 '그러나'와 같이 문장을 이어 주는 접속사도 독립어에 해당합니다.

기초 튼튼, 문장 튼튼

블록 쌓기를 해 본 적이 있을 겁니다. 블록을 쌓을 때는 기초를 잘 다져 놓는 게 중요합니다. 그래야 작은 차를 만들든 거대한 성을 만들든 일그러지거나 쓰러지지 않으니까요. 문장도 비슷합니다. 주요성분을 잘 구성해 놓으면 얼마든지 살을 붙여 가며 풍성한 문장을 만들 수 있습니다.

하나의 문장을 만들고 살을 붙여 가면서 문장 쓰는 법을 알아볼까요? 가장 간단한 구조인 '주어+서술어'로 이루어진 문장으로 시작해 봅시다. 게임방은 시끄럽다, 아이스크림은 맛있다, 아빠는 멋있다, 나는 공부한다……. 어떤 것으로 할까요? 아 참, 여러분은 선택할 수가

43

없겠군요. 엿장수 마음대로라고 '나는 공부한다.'를 골라 보겠습니다. 공부한다고 했으니 무슨 공부인지 궁금합니다. 여기선 영어라고 해 두죠.

나는 영어를 공부한다.
주어 목적어 서술어

영어를 공부하는 데는 나름대로 이유가 있을 겁니다. 유학을 가기 위해서, 성적을 올리기 위해서, 미국 드라마를 보기 위해서……. 이런 말을 보충하면 '공부한다'라는 서술어의 내용이 훨씬 풍성해질 겁니다.

위의 문장에 '유학을 가기 위해서'라는 꾸며 주는 말(수식 어구)을 넣었다고 합시다. 그러면 영어는 '회화에 도움이 되는' 것으로 공부하겠지요? 이 내용도 포함해 문장을 만들어 볼까요.

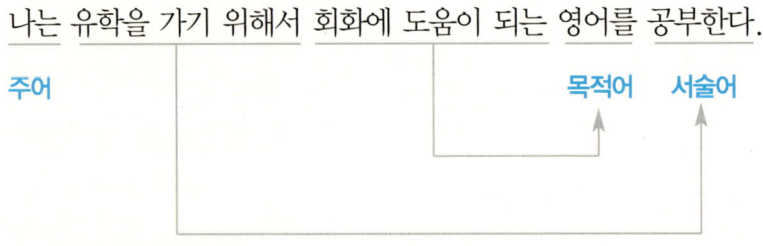

위 문장은 나는(주어)+영어를(목적어)+공부한다(서술어)란 기본 구조로 이뤄져 있습니다. 여기에 '영어'를 꾸며 주는 말, 곧 '회화에 도움이 되는'이 붙고 '공부한다'를 꾸며 주는 말 '유학을 가기 위해서'가 붙었습니다. 목적어와 서술어에 각각 살을 붙인 셈입니다.

좀 더 나아가 봅시다. 회화 공부는 대개 영어를 모국어로 쓰는 강사와 많이 할 겁니다. 그 강사가 영화배우 브래드 피트처럼 잘생겼다면 나쁘지 않겠지요? 이런 생각을 추가해서 문장을 써 볼까요?

<u>나는</u> <u>유학을 가기 위해서</u> <u>회화에 도움이 되는</u> <u>영어를</u>
<u>브래드 피트처럼 잘생긴</u> <u>강사와</u> <u>공부한다</u>.

문장이 좀 길어졌지만 무슨 뜻인지 이해할 수 있을 겁니다.

여기서 잠깐! 조금 전에 추가한 부분 '브래드 피트처럼 잘생긴 강사'를 들여다봅시다. 이 표현에서 중심이 되는 말은 강사입니다. 이것을 보충 설명하기 위해 '잘생긴'을, 나아가 '잘생긴'을 꾸며 주기 위해 '브래드 피트처럼'을 덧붙였습니다. 이처럼 강사를 꾸며 주는 '브래드 피트처럼 잘생긴'이란 표현을 '구'라고 합니다. '구'는 둘 이상의 단어가 모여 문장의 일부분을 이루는 걸 말합니다. 앞에서 살펴본

'유학을 가기 위해서'와 '회화에 도움이 되는' 역시 구입니다.

이번에는 그동안 소홀히 다뤘던 주어 '나'에도 살을 붙여 볼까요?

아빠가 부자인(또는 영어 성적이 좋은) 나는

유학을 가기 위해서 회화에 도움이 되는 영어를
브래드 피트처럼 잘생긴 강사와 공부한다.

이때 '나'를 꾸며 주는 '아빠가 부자인'을 자세히 살펴보면 주어(아빠가)+서술어(부자이다)의 꼴을 갖추고 있는 걸 확인할 수 있습니다. '영어 성적이 좋은' 역시 마찬가지죠. 주어(영어 성적이)+서술어(좋다)의 구조이지요. 이렇게 주어와 서술어를 갖추고 있으면서 문장의 일부분이 되는 것을 '절'이라고 합니다. 구와 절은 주어가 있느냐, 없느냐로 구분하는데 절에만 주어가 있습니다.

꾸며 주는 말을 좀 더 보태 볼까요? 공부를 얼마나 자주 어디에서 어떻게 하는지 추가해 봅시다.

아빠가 부자인 나는 유학을 가기 위해서 수강료가 비싼 학원에서
회화에 도움이 되는 영어를 브래드 피트처럼 잘생긴 강사와
일주일에 세 번씩 매우 열심히 공부한다.

'수강료가 비싼 학원에서'와 '일주일에 세 번씩 매우 열심히'란 표현이 늘어나면서 내용이 보강되고 문장이 길어졌습니다. 이처럼 문장은 '구'와 '절'을 적절히 활용하면 얼마든지 길게 늘여 쓸 수 있습니다. 이때 주의할 것은 꾸며 주는 말을 가능한 한 꾸밈을 받는 말 가까이 놓아야 한다는 것입니다.

지금까지 '나는 공부한다.'란 6자짜리 짧은 문장을 66자나 되는 긴 문장으로 만들어 보았습니다. 그런데 이런 문장이 과연 좋은 문장일까요? 한 번에 읽으려니 숨이 차고 내용도 머리에 쏙쏙 들어오지 않습니다. 하나의 문장에는 하나의 생각만 넣는 게 좋은데 이 문장에는 수많은 생각이 들어 있기 때문입니다. 결론적으로 바람직한 문장은 아니지요. 여기서는 문장이 어떻게 만들어지는지 실험해 본 것이니 문장 만드는 법을 이해하고 넘어가면 됩니다.

문장은 줄줄이 사탕 - 문장 연결법

'구슬이 서 말이라도 꿰어야 보배'라는 속담이 있지요? 문장 하나하나가 아무리 구슬처럼 아름다워도 그것들이 따로 놀면 보배 같은 글이 될 수 없습니다. 그럼 문장을 꿰어만 놓으면 좋은 글이 될까요? 그렇지 않습니다. 앞뒤 문장이 매끄럽게 이어져야 합니다. 그렇게 이어 놓은 문장도 전체적으로 조화를 이뤄야 좋은 글이 되지요.

글을 쓰다 보면 문장 하나하나는 그럭저럭 만들 수 있습니다. 그런데 그

것들끼리 잘 이어지지 않을 때가 있습니다. 그래서 김 기자는 종종 생각하곤 합니다. 마술사 입에서 나오는 테이프처럼 문장이 줄줄 따라 나오면 얼마나 좋을까? 하고 말입니다. 물 흐르듯 문장을 매끄럽게 잇는 방법은 없을까요? 지금부터 그 방법을 하나하나 예를 들면서 설명하겠습니다.

꼬리에 꼬리를 물자

원숭이 엉덩이는 빨개, 빨가면 사과, 사과는 맛있어, 맛있으면 바나나, 바나나는 길어, 길면 기차, 기차는 빨라, 빠르면 비행기, 비행기는 높아, 높으면 백두산, 백두산 뻗어 내려 반도 삼천리……

김 기자가 어렸을 때 많이 불렀던 동요입니다. 배운 지 40년이 지난 지금까지 이 노래는 잘 외웁니다. 기억력이 좋다고 자랑하는 게 아니랍니다. 이 노래를 오래 기억하는 이유는 어릴 때 하도 많이 불러서

잊혀지지 않기 때문이기도 하지만 그보다 더 중요한 이유가 있습니다. 문장 하나하나가 짧은 데다 앞 문장의 단어가 연결 고리 노릇을 해 뒷 문장으로 이어지기 때문입니다. 다시 말해 앞 문장의 단어, 곧 빨개, 사과, 맛있어, 바나나, 길어, 기차, 빨라, 비행기, 높아, 백두산 등이 뒷 문장으로 고스란히 이어지는 것입니다. 문장이 이렇게 꼬리에 꼬리를 무니까 시작만 하면 저절로 줄줄이 따라 나올 수밖에 없습니다.

<u>나는 축구를 무척 좋아한다. 축구를 하면 공부하는 동안 쌓였던 스트레스가 다 풀린다. 스트레스 때문에만 축구를 하는 건 아니다. 축구를 하고 나면 피로가 적당히 쌓여 잠이 잘 온다. 잠을 못 자면 하루 종일 헤매는 내게 축구는 수면제 구실도 한다.</u>

위의 예문도 비슷한 꼴입니다. 축구➡스트레스➡축구➡잠이란 낱말이 고리가 되어 문장이 사슬처럼 이어집니다.

앞말을 받아서 문장을 이어 가면 편리하지만 몇 가지 문제도 생깁니다. 글의 내용이 제자리에서 맴도는 수가 있습니다. 글이 속도 있게 앞으로 쭉쭉 나아가지 못합니다. 또 앞 문장의 낱말을 받아 쓰는 데 너무 신경 쓰다 보면 글이 엉뚱한 방향으로 나아가기도 합니다. 그것만 주의한다면 문장을 효과적으로 연결할 수 있습니다.

지시어를 활용한다

문장을 자연스럽게 연결하는 또 다른 방법이 지시어를 쓰는 겁니다. 지시어(指示語)는 한자 그대로 손가락(指)으로 가리키는(示) 말(語)입니다. 사물이나 장소, 방향을 대신 가리키는 말이지요. 이를테면 이것, 저것, 여기, 저기, 이쪽, 그쪽, 저쪽 같은 말입니다.

소는 인간에게 여러 가지 도움을 준다. 그 대표적인 게 인간을 대신해서 일을 해 주는 것이다. 그 덕분에 인간은 고단한 노동을 줄일 수 있다. 이것뿐 아니다. 고기와 뼈를 제공한다. 그것들은 인간에게 귀중한 영양분이다. 그의 가죽 역시 여러 용도로 쓰인다. 그것은 부드러우면서도 질겨 가방, 지갑, 소파 등을 만드는 데 활용된다.

지시어를 많이 사용한 예문입니다. 파란색 글씨가 모두 지시어입니다. 지시어는 윗글에서 보듯 앞 문장의 낱말 또는 앞 문장 전체를 가리키기 때문에 뒷 문장을 앞 문장과 밀접하게 연결해 줍니다. 지시어는 반복되는 내용을 간단하게 대신해 문장을 간결하게 만들어 주기도 합니다.

지시어를 쓸 때도 주의할 게 있습니다. 글을 쓰는 사람은 지시어가 가리키는 대상을 잘 알지만 독자는 무엇을 가리키는지 모를 때가 종종 있습니다. 문장이 어렵거나 복잡할 때는 더 그렇다는 걸 명심해야 합니다. 지시어가 가리키는 것을 독자가 이해할 수 있는지 점검해야 한다는 말입니다. 또 지시어를 너무 자주 쓰면 글이 지루해지기 쉽습니다. 앞의 예문도 그런 경우입니다. 지시어를 몇 개 빼 볼까요? 문장이 한결 깔끔해질 겁니다.

소는 인간에게 여러 가지 도움을 준다. 대표적인 게 인간을 대신해서 일을 해 주는 것이다. 덕분에 인간은 고단한 노동을 줄일 수 있다. 이것뿐 아니다. 고기와 뼈를 제공한다. 그것들은 인간에게 귀중한 영양분이다. 가죽 역시 여러 용도로 쓰인다. 부드러우면서도 질겨 가방, 지집, 소파 등을 만드는 데 활용된다.

문장을 접속하라

문장을 매끄럽게 연결하기 위해 자주 사용하는 것이 접속어입니다. 접속은 서로 맞대어 잇는다는 뜻입니다. 컴퓨터와 전원을 연결할 때 '접속한다'고 하지요. 이때 플러그라는 접속 장치를 사용하듯이 문장과 문장을 연결할 때 활용하는 것이 접속어입니다. 예문을 통해 살펴볼까요.

꽃미남 수영 선수 박태환이 올림픽 자유형 400m 경기에서 금메달을 땄다. (그리고) 곧이어 200m에서도 은메달을 차지해 국민을 열광시켰다. (그래선지) 수영 붐이 나타나고 있다. (예컨대) 수영장에 사람들이 갑자기 늘어났다. (또) 스포츠 용품점에서는 수영복이 불티나게 팔리고 있다. (이와 함께) 수영을 배우려는 사람도 늘었다. (그러나) 그 열기는 금세 식고 있다. (왜냐하면) 잠깐 동안의 들뜬 마음으로 수영장을 찾는 사람이 많기 때문이다. (요컨대) 자기 주관을 잃고 남을 따라 하는 사람이 그만큼 많았던 것이다.

첫 문장만 빼면 모든 문장에 접속어가 있습니다. 그리고➡그래선지➡예컨대➡또➡이와 함께➡그러나➡왜냐하면➡요컨대 등 여러 접속어가 문장을 잇고 있습니다. 덕분에 문장의 내용과 관계가 다양하게 변했습니다. '그리고'를 이용해 앞뒤 내용을 그대로 잇는가 하면, '그래선지', '왜냐하면'으로 원인과 결과의 관계를 나타내기도 하고 '예컨대'로 앞의 내용을 설명하기 위해 구체적인 예를 들기도 했습니다. '또'를 이용해 앞 문장을 보충하는가 하면 '그러나'로 반대되는 내용을 전하고 있습니다. '요컨대'로 앞의 내용을 요약하고 정리하기도 했습니다. 이렇듯 접속어는 문장과 문장, 문단과 문단을 이어 줍니다. 그뿐만 아니라 뒷 문장이 나아갈 방향도 예고해 줍니다.

하지만 접속어 역시 지나치게 자주 쓰는 건 좋지 않습니다. 문장을 억지로 이어 놓았다는 느낌을 주거든요. 옷감과 옷감을 꿰맨 흔적이 겉으로 드러나는 옷이 보기에 좋지 않은 것과 같습니다. 그래서 옛날 사람들은 잘 쓴 글을 '천의무봉(天衣無縫)'이라고 했습니다. '천사의 옷은 꿰맨 흔적이 없다.'는 말인데, 문장과 문장을 이어 놓은 흔적이 드러나지 않도록 써야 훌륭한 글이라는 뜻입니다. 그런 점에서 보면 앞의 예문에서 괄호로 감싼 접속어는 빼는 게 낫겠지요. 그럭저럭 말이 이어지니까요.

접속어가 많으면 독자가 글을 읽으면서 스스로 생각할 기회를 얻기 힘들기 때문에 글 읽는 재미가 떨어질 수도 있습니다. 앞으로 이어질 내용을 궁금하게 만들어야 하는 글이라면 접속어로 귀띔을 해서는 안 된다는 말입니다.

육하원칙(5W1H)을 기억하라

"엄마, 엄마 큰일 났어."

"왜?"

"싸움이 벌어졌어."

"어디서?"

"요 앞 편의점에서."

"누구랑 누가 싸우는데?"

"우리 반 민식이랑 희영이."

"언제?"

"지금."

"어떻게?"

"둘이서 멱살 잡고 막 주먹을 휘둘러."

"뭐 때문에?"

"민식이가 희영이한테 '공주병 환자'라고 놀렸나 봐."

"그래서 어떻게 됐는데?"

"사람들이 말리고 난리가 났어."

"너는 뭐 했어?"

"그냥 구경했지."

"왜?"

엄마와 아들이 나누는 대화입니다. 엄마의 인내력이 참 대단하지요? 답답한 대화를 묵묵히 참으면서 이어 가고 있네요. 성격 급한 엄마 같으면 아들 머리에 꿀밤을 주며 이렇게 말했을 거예요.
"똑바로 차근차근 말하란 말이야."

만약 예문에서 아들이 말하는 것처럼 글을 써 놓았다면 어떨까요? 읽으면 읽을수록 궁금한 게 많아지고, 그럴수록 답답해서 울화통이 터질 겁니다. 독자가 글쓴이에게 일일이 물어볼 수는 없으니까요.

문장을 연결할 때는 가능한 한 궁금한 것이 남지 않도록 써야 합니다. 독자가 답답하지 않게 해야 합니다. '이렇게 쓰면 독자가 알아들을까?' 하고 되짚어 보면서 쓰라는 말입니다.

어떻게 하면 그렇게 할 수 있을까요? 앞의 대화에서처럼 엄마가 궁금해하면서 물었던 것들, 곧 누가(Who), 언제(When), 어디서(Where), 왜(Why), 무엇을(What), 어떻게(How)란 질문을 글 쓰는 자신에게 하는 겁니다. 그것에 답하다 보면 문장은 자연스럽게 이어지고 글에 들어가야 할 내용도 빠뜨리지 않을 겁니다. 이런 여섯 가지 질문을 알파벳 앞 글자를 따서 '5W1H' 또는 '육하원칙' 글쓰기라고 합니다.

극장에서 영화를 보고 온 학생이 감상문을 쓴다고 가정해 볼까요. 이럴 경우 먼저 여섯 가지 질문에 답하는 형식으로 문장을 써 봅니다.

그런 다음 묻고 답한 것을 문장으로 연결해 보는 거지요.

누가? (Who) - 아빠와 나
언제? (When) - 지난 일요일
어디서? (Where) - 구청 앞 영화관에서
왜? (Why) - 머리를 식히기 위해서
무엇을? (What) - 영화를
어떻게? (How) - 즐겁게 봤다.

아빠와 나는 지난 일요일 영화를 봤다. 구청 앞에 있는 영화관에서였다. 아빠는 시험공부 하느라 스트레스가 쌓인 내 머리를 식혀 주겠다고 했다. 우리가 함께 본 영화는 '로미오와 줄리엣'이다. 슬프고 아름다운 사랑 영화였지만 즐거운 마음으로 봤다.

이렇게 '누가, 언제, 어디서, 왜, 무엇을, 어떻게'라는 물음에 답하다 보면 문장이 자연스럽게 이어집니다. 윗글은 '육하원칙'을 이용해 핵심만 살려 한 문장으로 쓸 수도 있습니다.

아빠와 나는 지난 일요일 구청 앞 영화관에서 머리를 식히기 위해 사랑 영화인 '로미오와 줄리엣'을 즐겁게 봤다.

'육하원칙' 글쓰기는 어떤 일이 어디에서 누구에 의해 왜 어떻게 벌어졌는지 명확하게 밝혀 주기 때문에 누가 읽어도 그 상황을 잘 이해할 수 있습니다. 그래서 어떤 상황을 객관적으로 전달해야 하는 신문 기사를 쓸 때 자주 활용합니다. 실제로 김 기자가 일한 신문사 편집국에서는 "누가 그랬다는 거야?", "어디서?", "그게 언젠데?"라고 묻는 데스크의 목소리를 심심찮게 들을 수 있습니다.

눈길 닿는 순서대로

톰은 너무나 기뻐서 하마터면 소리를 지를 뻔했다. 엄격한 야외 운동과 수련으로 피부가 갈색으로 그을린 잘생긴 소년이 그곳에 있었던 것이다. 소년은 반질반질한 비단과 공단으로 된 옷을 입었고, 그 옷에는 보석이 주렁주렁 매달려 있었다. 허리에는 보석이 박힌 단검이 빛나고 있었으며, 신발은 뒤꿈치가 빨간 우아한 반장화를 신고 있었다.

《왕자와 거지》(마크 트웨인)

한 인물을 그림 그리듯이 자세히 소개한 글입니다. 바로 앞에서 소년을 보고 있는 듯한 느낌이 들죠? 이렇게 눈에 닿는 것을 꼼꼼히 적어 가다 보면 문장이 저절로 이어집니다.

어떤 공간이나 사람, 사물을 묘사할 때는 눈길이 닿는 순서에 따라 문장을 풀어 놓으세요. 위에서 아래로, 왼쪽에서 오른쪽으로, 가까운 곳에서 먼 곳으로, 안쪽에서 바깥쪽으로. 반대 방향으로 묘사할 수도 있겠지요. 잊지 말아야 할 것은 눈길 가는 방향이나 순서가 일정해야 한다는 겁니다. 위에서 아래로 내려가다가 다시 위로 올라가는 식으로 왔다 갔다 하면 그것을 글로만 이해해야 하는 독자 입장에서는 헷갈릴 테니까요.

가시복은 육지 근처의 얕고 따스한 바다에서 사는 복어류의 물고기예요. 몸길이는 30~40센티미터까지 자라는데, 생김새가 무척 독특하지요. 커다란 눈이 왕방울처럼 툭 불거져 있고, 이빨은 새의 부리처럼 튀어나와 있어요. (……) 몸매도 무척 독특해요. 대부분의 물고기는 고등어처럼 미끈한 유선형을 띠고 있는데, 가시복은 머리 쪽이 크고 통통한 달걀 모양을 하고 있지요.

《스컹크 독방귀, 맛 좀 볼래?》(햇살과나무꾼)

이 글은 눈길이 가는 일정한 방향을 따라가면서 쓰지 않았네요. 설명하려는 대상의 모습을 대략적으로 그려 놓은 다음 특징이 있는 부위를 세부적으로 묘사하고 있습니다. 이렇게 대상에 따라 묘사하는 방법은 언제든지 달라질 수 있습니다.

어떤 공간을 묘사해 보는 것도 훈련 방법입니다. 집 거실이나 공부방, 아무거나 좋습니다. "우리 집은 특별한 게 없어서 별로 쓸 게 없어요."라고 말하는 학생이 있다면 가 보고 싶은 외국 도시의 풍경이나 마음에 드는 스타의 사진을 보면서 글로 써 보세요. 독자가 그것을 실제로 보고 있는 것 같은 느낌이 들게 말입니다. 그러면 문장을 연결하는 연습이 될 뿐 아니라 관찰력도 생기고 표현력도 늘거든요. 자기 얼굴, 손, 발 같은 신체 부위를 보며 쓰는 것도 좋은 방법입니다.

문장은 시간 속으로

문장을 이어 가는 편안한 방법 가운데 하나가 시간의 흐름을 따르는 것입니다. 어떤 사건이나 상황을 시간 순서대로 그려 나가는 것이지요. 일기나 기행문을 쓸 때 흔히 이 방법을 사용합니다.

시간 순서대로 글을 쓸 때는 우리가 다루려는 글감이 어느 정도의 시간에 걸쳐서 진행된 것인지 먼저 살펴야겠지요. 한 시간 동안 벌어진 일인지, 하루 또는 몇 날, 몇 달, 몇 년 동안 진행된 일인지 생각해서 문단도 나누고 분량도 조절해야 하니까요. 한 시간 동안 친구와 게임한 이야기와 하루 동안 아빠와 등산한 이야기, 초등학교 6년을 되돌아보면서 쓰는 이야기를 똑같은 방식으로 쓸 수는 없잖아요.

사흘 전만 해도 게임할 때 신이 났다. 기말고사가 얼마 남지 않았지만 한 시간 정도 게임을 하고 나면 스트레스가 확 풀렸다. 하지만 일요일인 오늘 오전은 달랐다. 컴퓨터를 켜는 게 조금 부담스러웠다. 수학 시험이 이틀 앞으로 다가왔는데 준비를 충분히 해 놓지 않았기 때문이다. 그래도 '30분만 하는 건 괜찮겠지? 밥 먹는 시간을 줄이면 되지, 뭐.' 하는 마음이 들었다.
갑자기 수업 마치는 종소리가 들렸다. "으악, 어떡해, 어떡해!"

내 입에서 저절로 신음 소리가 나왔다. 수학 시험지의 뒷면은 하나도 풀지 못했기 때문이다. 저절로 눈물이 흘렀다. 그때 멀리서 엄마 목소리가 들렸다. "왜 그래? 잠자다 소리를 지르고." 깜빡 잠이 들어 꿈을 꾼 모양이다.

창밖은 어느새 어두컴컴해졌다. 수학 시험 걱정이 갑자기 몰려왔다. 책상 위에 붙여 놓은 게임 캐릭터는 여전히 나를 내려다보고 있었다. 늘 그렇듯 "한판만 하지?" 하고 말을 거는 것 같았다. 내가 대답했다. "됐거든."

어떤 학생이 직접 겪은 경험담입니다. 이 글은 시간이 흘러가는 순서에 따라 쓴 것입니다. 사흘 전➡오늘 오전➡잠이 든 오후➡저녁으로 이야기가 옮겨 가고 있지요. 사흘 동안의 모든 일을 다 쓴 게 아니라 하나의 주제와 관련된 내용을 골라 시간 순서대로 쓴 것이죠. 어떤 일의 진행 과정이나 사람의 움직임을 그릴 때는 이렇게 시간 순서대로 문장을 이어 가면 독자가 이해하기 쉽습니다.

시간 순으로 문장을 연결할 때 한 가지 주의할 점은 과거➡현재➡미래 순으로 또는 거꾸로 이어 가야 한다는 겁니다. 과거에서 현재로, 다시 과거로 왔다 갔다 하면 독자가 헷갈릴 수 있거든요. 부득이하게 그렇게 해야 한다면 시간의 흐름이 바뀔 때, 곧 장면이 바뀔 때 그것을 독자에게 알려 주는 문장도 함께 써 줘야 합니다.

시간 순서대로 글을 쓴다고 해서 반드시 시간을 30분, 1시간, 하루, 1년 단위로 정확하게 나눠서 글의 내용을 구성할 필요는 없습니다. 가장 재미있었거나 인상에 남는 장면과 순간은 더 길게 쓰세요.

지난 일요일 점심때 우리 가족은 외식하러 가려고 했다.
"뭐 먹으러 갈까?"
아빠가 엄마와 나, 동생의 의견을 모으려고 했다. 그런데 각자 먹고 싶은 게 다 달랐다.
아빠는 가족 의견을 묻겠다고 하면서 지난밤에 술을 많이 마셨다는 말을 은근히 했다. 국물이 있는 음식을 바란다는 걸 돌려서 말한 셈이다.
그러자 엄마가 "오랜만에 자장면이나 먹을까?"라고 말하면서 우리 눈치를 살폈다. 중국집에 가면 아빠 속을 풀어 줄 짬뽕도 있고 우리가 좋아하는 탕수육도 있기 때문에 그렇게 말한 것 같았다.
하지만 나는 얼마 전 맛을 알게 된 초밥이 먹고 싶었다. 조금 비싸지만 초밥은 양이 많지 않아 부담스럽지 않고 초밥을 파는 식당은 분위기도 깔끔해서 좋다. 못 먹던 초밥을 먹는 게 대견스러운지 아빠와 엄마는 "초밥 먹으러 가자."는 말만 하면 늘 찬성이어서 선택될 가능성이 높기도 했다.
그러나 동생은 패밀리 레스토랑을 끝까지 고집했다. 엄마가 잘 안

사 주는 콜라나 사이다도 마음껏 마실 수 있고 아이스크림과 과자까지 실컷 먹을 수 있어서 동생은 늘 레스토랑에 가자고 졸랐다. "모레가 내 생일이니까 오늘은 꼭 내 말을 들어줘요."라면서 물러서지 않았다. 이렇게 30분이 흘러갔지만 메뉴는 정해지지 않았다.

외식 이야기인데 식당 문턱에도 못 들어갔네요. 이 글은 식구들이 의견을 모으는 과정, 그러니까 시간이 흘러가는 대로 진행되고 있습니다. 음식을 먹는 장면 대신 먹기 전 상황을 자세히 쓴 것은 그것이 더 깊이 인상에 남았기 때문입니다. 시간 순으로 글을 쓴랬다고 해서 무조건 기계적으로 시간을 나눌 필요는 없다는 얘기입니다. 윗글처럼 가장 기억에 남는 순간을 자세하게 묘사하는 게 더 잘 읽힙니다.

징검다리 문장은 경쾌하다

서울 청계천에 가면 큼지막한 돌로 만든 징검다리를 볼 수 있습니다. 개울이나 물이 괸 곳에 돌을 드문드문 놓아 만든 다리 말입니다. 징검다리는 사람들이 걸어서 건너기에 불편한 곳을 성큼성큼 건널 수 있게 해 주지요.

징검다리를 만들 때는 보통 사람들이 한 걸음에 닿을 수 있는 거리에 돌을 놓는 게 중요합니다. 너무 촘촘히 놓으면 오히려 걷기 불편하고, 간격이 너무 넓어도 물에 빠지기 쉽지요. 이런 원칙은 문장을 연결할 때도 적용됩니다.

　독자가 어떤 사건이나 대상을 이해하기 좋게 한답시고 시시콜콜한 것까지 자세하게 쓰는 학생이 많습니다. 그러나 여러분이 아무리 자세하게 써도 독자는 그것을 글쓴이와 똑같이 느낄 수는 없습니다. 독자는 그것을 바라지도 않습니다. 오히려 지루하게 여길 수 있지요.

　문장을 듬성듬성 연결하면 어떻게 될까요? 돌의 간격이 먼 징검다리를 건널 때처럼 독자는 문장과 문장 사이에 빠져 허우적거리기 쉽습니다. 〈글쓰기는 대화하기〉란 장에서도 말했듯이 글을 쓰는 사람은 문장으로 다 표현하지 않아도 문장 사이에 어떤 내용과 의미가 숨어

있는지 잘 알지만 독자는 그걸 모릅니다. 다시 말하지만 독자는 글쓴이와 똑같이 생각하지도 않고, 똑같은 정보를 갖고 있지도 않습니다.

<u>게임하느라 사흘 밤을 꼬박 샜다. 성적이 뚝 떨어졌다.</u>

게임 얘기 하다 엉뚱하게 성적 얘기로 옮겨 갔네요. 위의 예문은 두 문장 사이의 거리가 먼 것 같습니다. 하지만 독자는 어떤 일이 벌어졌는지 추측할 수 있을 겁니다. 게임에 열중하느라 공부하는 시간이 줄었고 그 결과 성적이 떨어졌다는 걸 굳이 얘기하지 않아도 무슨 말인지 이해할 수 있다는 얘기지요.

<u>수학에서만 일곱 문제가 틀렸다. 성적표를 받은 날 밤 내 종아리는 퉁퉁 부어 있었다.</u>

앞의 예문보다는 문장과 문장의 거리가 조금 더 멀어진 것 같지만 이해할 수 없을 정도는 아니지요? 수학 점수가 크게 떨어져 결국 성적이 내려갔고, 그것을 본 부모님이나 선생님에게 매를 맞았다는 걸 미루어 짐작할 수 있습니다.

초등학교 5학년 기말고사에서 영어에서만 일곱 문제가 틀렸다. 하지만 영어 점수가 높아야 갈 수 있는 국제중학교에 합격했다.

이 문장은 또 어떤가요? 이해할 수 있나요? 두 문장만 놓고는 글쓴이가 무엇을 말하려고 하는지 도무지 파악할 수 없습니다. 영어는 못했지만 다른 과목을 너무 잘해서 합격했다는 걸까요? 영어 실력은 형편없는데 시험을 운 좋게 잘 봤다는 걸까요? 온갖 상상을 해 볼 수는 있지만 글쓴이가 전하려는 의미를 정확하게 알 수는 없지요. 문장과 문장의 거리를 적당하게 유지하지 못했기 때문에 생긴 결과입니다.

문장과 문장의 거리는 얼마나 돼야 할까요? 그것을 일률적으로 말하기는 어렵습니다. 그때그때 다르기 때문입니다. 그래서 독자가 낱말과 문장, 문장과 문장의 관계를 힘들이지 않고 파악할 수 있도록 글을 쓰려면 오랜 시간 동안 훈련해야 합니다.

내가 쓰는 문장을 독자가 이해하지 못할 가능성이 높다는 것을 잊지 마세요. 문장과 문장이 잘 연결되는지 의심하고 그것을 위해 생각을 많이 하라는 얘기입니다. 그런 과정을 거치다 보면 자연스럽게 문장과 문장의 적당한 거리를 알게 됩니다. 문장에 속도가 붙으면서 독자와도 원활하게 대화할 수 있게 된답니다.

김 기자의 글쓰기 특강 신문 기사 쓰기

신문 기사는 간결하고, 명확하고, 객관적인 글을 추구합니다. 따라서 기사를 써 보면 글솜씨가 부쩍 늘 겁니다. 여러분이 기자가 되었다고 가정하고 보도 기사를 써 볼까요? 여기서는 '엄마 아빠와 함께한 해외여행'을 기삿거리로 삼아 볼게요. 기사는 원칙적으로 육하원칙을 지켜 써야 하므로 여섯 가지 정보를 먼저 추린 뒤 기사를 써 보세요.

누가 : 아빠, 엄마, 나
무엇을 : 가족 여행을
언제 : 겨울방학 기간인 1월 중순에 15일 일정으로
어디서 : 프랑스 수도 파리와 남부 지방에서
왜 : 유럽 문화도 배우고 가족의 친목도 다지기 위해
어떻게 : 자동차를 빌려 타고

겨울방학 기간인 지난 1월 중순에 15일 일정으로 아빠와 엄마, 나는 프랑스 수도 파리와 남부 지방을 돌아봤습니다. 유럽 문화도 배우고 가족의 친목도 다지기 위해 마련된 이번 가족 여행을 위해 아빠는 자동차를 빌려 직접 운전했습니다.

우리 가족은 파리에서 7일 동안 루브르박물관, 베르사유궁전, 에펠 탑, 개선문, 센 강 등을 둘러본 뒤 나머지 기간은 남부 지방의 세계적인 휴양 도시인 모나코, 니스, 칸 그리고 고대 로마와 중세 시대 유물이 많은 아비뇽과 아를을 살펴봤습니다.

여행의 전반적인 내용은 다뤘지만 독자가 알고 싶어 하는, 독자에게 얘기하고 싶은 내용은 빠져 있습니다. 이 경우 '여행 중 가장 인상 깊었던 곳은~' 또는 '여행 중 우리가 가장 고통스러웠던 것은~' 식으로 얘기를 이어 가면 되겠지요. 이때도 '육하원칙'을 적절하게 밝혀서 독자가 그 일이 왜 어떻게 일어났는지 궁금해하지 않도록 하세요.

신문 기사에서는 객관성과 신뢰도를 높이기 위해 기사와 관련된 사람의 말을 빌려 오기도 합니다. 그것이 정보든 지식이든 느낌이든 상관없습니다. 여기서는 아빠나 엄마 말을 인용해 보면 재미있겠네요.

이번 여행의 안내자 역할을 한 아빠는 "길을 안내해 준 내비게이션과 철저한 사전 준비로 큰 어려움은 없었다."면서 "여행하는 동안 우리가 얼마나 편하게 살아왔는지, 가족이 얼마나 소중한지를 새삼 알게 됐다."고 말했습니다.

앞으로는 신문을 보면서 '육하원칙'을 찾아보세요. 정확한 내용으로 객관적인 글을 쓰는 법을 저절로 익힐 수 있을 거예요.

3장

좋은 문장을 쓰자

- 정확한 게 최고야
- 짧으면 짧을수록 좋은 문장
- 군살을 빼자
- 우리말은 우리말답게
- 김 기자의 글쓰기 특강 | 설명문 쓰기

정확한 게 최고야

자동차는 수많은 부속품으로 조립한 기계 덩어리입니다. 그 덩어리는 부속품 하나하나가 정확하게 제구실을 할 때 달릴 수 있습니다. 동력을 만드는 부품이 하나라도 빠지거나 엉뚱한 부품이 들어가면 차가 꼼짝 못하지요. 하다못해 레고 블록도 그렇습니다. 작은 블록이라도 정확하게 끼우지 않으면 전체 블록이 일그러지거나 무너지잖아요.

여러 낱말이 모여 이뤄지는 문장도 똑같습니다. 낱말이 정확히 제자리에 있지 않으면 문장이 무너집니다. 엉뚱한 낱말을 써도 결과는 마찬가지입니다. 간단히 말하면 문장은 정확하게 써야 합니다. 그래야 멋있는 문장, 아름다운 문장이 나옵니다.

사자 머리에 뱀 꼬리는 NO!

문장을 정확하게 쓰는 첫째 비결은 문장의 주요성분, 곧 주어, 서술어, 목적어, 보어가 서로 잘 어울리게 하는 겁니다. 문장의 기본 성분인 주어와 서술어가 있다고 문장이 되는 건 아닙니다. 주어와 서술어가 짝짜꿍이 맞아야 합니다. '나는 공부다.' 란 문장이 있다고 합시다. 주어와 서술어가 있지만 말이 되지 않습니다. '나는 공부한다.' 또는 '내 취미는 공부다.' 로 써야지요. 너무 유치한 예라고요? 그렇지 않습니다. 김 기자가 가르친 학생들 중에는(물론 후배 기자들도) 이런 실수를 하는 사람이 적지 않았거든요.

주어와 서술어가 짝짜꿍이 맞지 않는 예문을 살펴봅시다.

① 무명 가수가 큰 무대 위에서 즐겁게 노래하는 것이다. ✖
② 우리 누나의 꿈은 대학에 합격한 뒤 해외여행을 하려고 한다. ✖

①번 문장을 보세요. '무엇이(주어)'에 해당하는 '무명 가수'와 '어찌하다(서술어)'에 해당하는 '것이다'가 어울리나요? '무명 가수가 ~ 노래한다.' 거나 '무명 가수의 소망은 ~ 노래하는 것이다.' 라고 써야 맞지요.

②번 문장은 어떻습니까? '우리 누나의 꿈'이 뭔가(해외여행)를 하려고 한다는 말인데 어색합니다. 꿈이 무생물인데 사람처럼 뭔가를 하려고 한다는 건 말이 안 되잖아요. '우리 누나의 꿈은 ~ 해외여행을 하는 것이다.' 라고 쓰면 모를까.

<u>목적어와 서술어도 짝짜꿍이 맞아야 합니다.</u> '빵을 하다.' 라는 문장을 보세요. 이상하지요? 빵을 '만든다'거나 '먹는다'고 해야 합니다. 비슷한 예가 '축구를 찬다.' 는 문장입니다. 얼핏 보면 맞는 것 같지요? 이렇게 말하는 사람이 워낙 많으니까요. 축구를 차는 게 아니라 공을 차는 겁니다. 그러니 '공을 찬다.' 또는 '축구를 한다.' 고 해야 맞습니다.

<u>주어를 함부로 생략해도 문장이 일그러지기 쉽습니다.</u>

<u>우리 동네는 예전에는 농촌이었던 곳으로 태어난 곳은 아니다.</u> ✖

누가 태어났다는 건지 알 수 없죠? '태어난' 앞에 '내가' 등의 주어를 넣어야 매끄러운 문장이 될 수 있습니다.

주어뿐 아니라 서술어도 제멋대로 빼면 문장이 무너집니다.

① 시험 발표 뒤 얼마 동안은 기쁨으로 무얼 할지도, 해야 할 일도 없었다. ✖
② 선생님은 우리에게 공부를 열심히 하고, 운동도 권했다. ✖

①번 문장에서는 '무얼 할지도' 뒤에 이어져야 할 서술어가 빠져 문장이 어색해졌습니다. '몰랐고'란 서술어를 붙이면 자연스러워지지요. ②번 문장에서는 뒷부분을 '운동도 열심히 하라고 권했다.'라고 써야겠지요.

문장을 간결하게 쓰기 위해 목적어를 무리하게 생략해도 부자연스러워지기 쉽습니다.

인간들은 한편으로는 자연에 순응하면서, 다른 한편으로는 이용하면서 살아왔다. ✖

'자연'을 반복하는 대신 쉼표를 썼는데 엉터리 문장이 되고 말았습니다. '자연에 이용하면서'란 표현은 말이 안 되지요. '자연을 이용하면서'라고 해야 맞거든요.

목적어가 여러 개일 때는 특히 주의해야 합니다. 목적어 각각에 어울리는 서술어를 써야 하기 때문입니다.

① 방학 동안 게임과 소설을 읽었다. ✖
② 우리는 승리했다는 기쁨에 노래와 춤을 추었다. ✖

①번 문장을 볼까요? 소설은 읽는 것이 맞지만 게임은 읽는 게 아니잖아요. '~ 게임을 하고 소설을 읽었다.'고 해야지요. ②번 문장도 마찬가지입니다. 춤을 출 수는 있지만 노래를 출 수는 없지요. '~ 노래를 부르고, 춤을 추었다.'라고 해야 합니다.

아리송한 문장은 NO!

문장 자체는 틀리지 않았지만 내용이 분명하지 않은 것도 문제입니다. 문장이 이렇게도 저렇게도 해석되면 헷갈리니까요.

① 우리는 아름다운 그녀의 드레스에 눈이 갔다. ✖
② 누나는 겨울방학 동안 모은 돈을 펑펑 쓰면서 지냈다. ✖
③ 나는 지휘자와 공연한 성악가와 피아니스트를 알고 있다. ✖

①번 문장을 보면, 아름다운 게 '그녀'인지 '드레스'인지 구분하기 힘듭니다. 이럴 때는 '아름다운' 다음에 쉼표를 찍어 '우리는 아름다운, 그녀의 드레스에 눈이 갔다.'라고 쓰던지 낱말 위치를 바꿔 '그녀의 아름다운 드레스'로 써야 헷갈리지 않습니다. 꾸며 주는 말은 꾸밈을 받는 말 가까이 놓아야 독자가 오해하지 않습니다.

　②번 문장도 비슷한 예입니다. '겨울방학 동안'이란 말을 어떤 의도로 썼는지 혼란스럽습니다. 누나가 겨울방학 동안 돈을 모았다는 건지, 겨울방학 동안 돈을 펑펑 쓰면서 지냈다는 건지 모호하잖아요. 그래서 '누나는 겨울방학 동안 모은 돈을, 펑펑 쓰면서 지냈다.'고 쓰거나 '누나는 전에 모은 돈을, 펑펑 쓰면서 겨울방학을 지냈다.'고 써야 합니다.

　③번 문장도 헷갈립니다. 내가 알고 있는 사람이 두 명인지 세 명인지 분명하지 않습니다. '나는 지휘자, 성악가, 피아니스트를 알고 있다.'고 쓰거나 '나는 지휘자와 함께 공연한 성악가, 피아니스트를 알고 있다.'고 써야겠지요.

조사는 조심해서 사용하자

다른 말에 붙어 뜻을 더하거나 제한하는 말을 '조사'라고 합니다.

한자로 도울 조(助) 자를 쓰지요. 조사는 종류도 많고 비슷비슷한 게 많아 소홀히 다루는데, 그랬다가는 큰코다치기 쉽습니다. 조사를 어떻게 쓰느냐에 따라 낱말 관계뿐 아니라 문장 전체의 뜻이 달라지기 때문에 조심해서 사용해야 합니다.

① 방에서 아이들이 있다.
② 골목에 아이들이 놀고 있다.

어느 문장이 맞나요? 둘 다 틀린 문장입니다. ①번 문장은 '방에', ②번 문장은 '골목에서'로 써야 합니다. 다시 보니까 그런 것 같죠? 왜 그럴까요? '~에'는 뭔가가 있는 장소를, '~에서'는 어떤 동작이 이뤄지는 장소를 나타내는 말입니다. 그래서 '~에' 다음에는 뭔가가 존재하는지 그렇지 않은지를 나타내는 '있다', '없다' 같은 서술어가 나와야 합니다. '~에서' 다음에는 '~고 있다'처럼 동작을 표현하는 서술어가 이어져야지요.

조사 '~에'와 '~에게'도 잘못 사용할 때가 많습니다.

① 대통령은 이번 사건과 관련해 국민에 사과해야 한다.
② 정부는 이 문제를 일본에게 강력히 항의하였다.
③ 한석이는 날마다 화초에게 물을 준다.

④ 나라에 충성하고 부모에 효도하자.

위 문장들은 얼핏 보면 맞는 것 같지만 모두 틀린 문장입니다. 동작이 미치는 대상이 사람이나 동물이면 '~에'가 아니라 '~에게'를 써야 하거든요. 따라서 ①번 문장에선 '국민에'를 '국민에게'로 고쳐 써야 맞습니다. ②, ③번 문장에서 일본이나 화초는 사람도 동물도 아니잖아요. 그러니 '~에게'를 '~에'로 고쳐야지요. 마지막으로 ④번 문장은 어떤가요? 그렇습니다. '부모에'를 '부모에게'로 써야 합니다.

조사 '~의'는 너무 함부로 써서 탈입니다. '엄마의 화장품', '쌀의 소비량', '부패의 근절', '유통의 비리'에서 '의'를 빼 보세요. 얼마든지 뜻이 통하잖아요. '~의'는 이처럼 아무 데서나 끼어들어 문장을 엉성하게 만듭니다. 이게 모두 '~의'를 많이 쓰는 일본어의 영향이랍니다.

① 철수의 변한 모습
② 나의 의도한 바를 너는 모른다.
③ 좋은 품질의 제품

위 문장들도 조사 '의'를 빼고 '철수가 변한 모습', '내가 의도한 바', '품질이 좋은 제품'이라고 쓰는 게 훨씬 매끄럽습니다.

짧으면 짧을수록 좋은 문장

짧으면 짧을수록 좋은 게 뭘까요? '공부 시간'이라고요? 설마요. '꾸중 듣는 시간'이라면 몰라도. 글쓰기에서도 짧을수록 좋은 게 있습니다. 문장입니다. 글 좀 써 본 사람은 죄다 그렇게 말한답니다.

문장은 왜 짧아야 할까요? 그래야 읽는 사람이 쉽게 이해하니까요. 문장이 길면 뜻이 모호해지거든요. 주어와 서술어 찾기도 어렵고, 읽

을 때 숨도 차고, 지루하기도 하지요. 쓰는 사람도 힘들긴 마찬가지입니다. 주어와 서술어를 정확하게 맺어 주기 어렵거든요. 꾸며 주는 말과 꾸밈을 받는 말이 뒤엉키기도 하고요.

어떻게 해야 문장을 짧게 쓸 수 있을까요? 하나의 문장에 하나의 생각만 담으려고 하면 됩니다.

선생님이 보고서 쓰기 숙제를 내 주었는데 나는 어떤 것을 쓸까 고민하다가 문득 아이들이 만화를 좋아한다는 생각이 들자 만화 실태 조사를 하기로 하고 자료를 구하러 만홧가게로 달려갔다가 밤 12시까지 만화를 봤다.

한눈에 봐도 너무 긴 문장이죠. 한 문장에 너무 많은 생각을 담은 겁니다. 이 문장을 짧은 문장으로 한번 나눠 볼게요. 이해하기도 훨씬 쉽고 술술 읽힐 겁니다.

선생님이 보고서 쓰기 숙제를 내 주었다. 나는 어떤 것을 쓸까 고민했다. 문득 아이들이 만화를 좋아한다는 생각이 들었다. 그래서 만화 실태 조사를 하기로 했다. 자료를 구하러 만홧가게로 달려갔다. 그러다 밤 12시까지 만화를 봤다.

'문장을 짧게 쓰시오.' 미국의 노벨 문학상 수상 작가 헤밍웨이가 어느 편집자에게 들은 말입니다. 헤밍웨이는 이 말을 글을 쓸 때 가장 중요한 원칙이라고 했습니다. 그가 쓴 소설 《노인과 바다》의 한 대목을 봅시다.

미풍이 다시 불어 배는 잘 달렸다. 노인은 고기의 앞쪽 머리만을 보고 있었다. 얼마간 희망이 되살아났다. 희망을 버리다니 어리석은 짓이야, 하고 노인은 생각했다. 그건 죄가 되는 일이야. 죄에 대해서는 생각하지 말자, 하고 그는 생각했다. 지금은 죄에 대한 것 말고도 생각할 문제들이 많아. 또 난 죄에 대해서는 아무것도 모르거든.

《노인과 바다》(헤밍웨이)

멀리 미국으로 갈 것도 없이 우리나라 소설가 김훈 선생님의 문장을 봐도 알 수 있습니다. 짧은 문장으로 얼마나 아름다운 글을 쓸 수 있는지 말입니다.

그해 겨울은 일찍 와서 오래 머물렀다. 강들은 먼 하류까지 옥빛으로 얼어붙었고, 언 강이 터지면서 골짜기가 울렸다. 그해 눈은 메말라서 버스럭거렸다. 겨우내 가루눈이 내렸고, 눈이 걷힌 날

> 하늘은 찢어질 듯 팽팽했다. 그해 바람은 빠르고 날카로웠다. 습기가 빠져서 가벼운 바람은 결마다 날이 서 있었고 토막 없이 길게 이어졌다. 칼바람이 능선을 타고 올라가면 눈 덮인 봉우리에서 회오리가 일었다. 긴 바람 속에서 마른 나무들이 길게 울었다. 주린 노루들이 마을로 내려오다가 눈구덩이에 빠져서 얼어 죽었다. 새들은 돌멩이처럼 나무에서 떨어졌고, 물고기들은 강바닥의 뻘 속으로 파고들었다. 사람 피와 말 피가 눈에 스며 얼었고, 그 위에 또 눈이 내렸다. 임금은 남한산성에 있었다.

《남한산성》(김훈, 학고재)

그렇다면 문장은 아무 때나 짧게 써야 할까요? 꼭 그렇지는 않습니다. 짧은 문장으로만 글을 쓰면 단조롭고 건조한 느낌을 주기도 하니까요. 도대체 문장의 길이는 어느 정도가 적당할까요? 한글을 만든 세종대왕도, 유명한 작가 누구도 속 시원하게 답을 주지 않았습니다. 다만 30~50자 정도가 읽는 데 부담되지 않는다는 작가가 많습니다. 그렇다고 일일이 글자 수를 세면서 문장을 쓰라는 건 아닙니다. 글을 많이 쓰다 보면 알맞은 길이의 문장이 나오니까요.

군살을 빼자

'군더더기 없는 몸매로 가꾸어 드립니다.'
'비만은 만병의 원인.'

신문에 끼어 있는 헬스클럽 광고지에서 자주 보는 문구입니다. 왜 군살을 빼 주겠다는 걸까요? 군살이 많으면 건강에 나쁘고 보기도 좋지 않으니까요. 글도 마찬가집니다. 군더더기가 많으면 뜻이 제대로 전달되지 않고 읽기도 나쁘지요.

미국의 유명한 글쓰기 교육 전문가 윌리엄 진서 교수는 이렇게 말했습니다. "글쓰기 실력은 필요 없는 것을 얼마나 많이 걷어 낼 수 있느냐에 비례한다." 그러면서 그는 "좋은 글쓰기의 비결은 문장에서 가장 분명한 성분만 남기고 군더더기를 걷어 내는 데 있다."라고 거듭 강조했습니다. 아무 역할도 하지 못하는 단어, 짧은 단어로 대신할 수 있는 긴 표현, 이미 앞에서 나온 동사, 뜻이 같은 부사는 쓰지 말라는 겁니다.

문장에서 군살은 어떤 것일까요? 하나 마나 한 말, 중복되는 말, 겹말(같은 뜻의 말이 겹쳐서 된 말), 지나치게 꾸민 말, 잘난 체하려고 늘인 말, 상투적으로 쓰는 표현 등이 그런 것입니다. 문제는 쓰는 사람이 그것이 군살인지 아닌지 잘 모른다는 것입니다. 너무 많이 봐 와서 익숙해졌기 때문이지요. 후유, 김 기자도 걱정입니다. 이렇게 말하는 제 자신도 책 곳곳에 보기 흉한 군살을 드러내고 있을 테니까요. 여러분이 이해하기 쉽게 반복해서 설명한 곳이 많거든요.

자, 그럼 문장에서 군살 제거 수술을 시작해 볼까요?

① 우리의 소원은 통일이라 하지 않을 수 없다.
→ 우리의 소원은 통일이다.

② 열심히 공부를 하도록 하거라.
→ 열심히 공부하거라.

③ 내일부터 수업을 하기로 하겠다.
→ 내일부터 수업을 하겠다.

④ 올해는 실업자가 늘 것이라고 예상을 했다.
→ 올해는 실업자가 늘 것이라고 예상했다.

⑤ 우등생이 되겠다는 목적을 위해서
→ 우등생이 되기 위해서

⑥ 우리 사장님은 세금을 내야 한다는 사실 때문에 고민하고 있다.
→ 우리 사장님은 세금 때문에 고민하고 있다.

어때요? 군살을 제거하니 훨씬 보기도 좋고 이해하기도 쉽죠? '~라 하지 않을 수 없다', '~하도록', '~하기로'란 말 등을 붙여 문장을 늘일 필요가 없습니다.

'예상하다'란 동사에 굳이 '을'을 넣어 '예상을 하다'로 쓰는 것도 바람직하지 않습니다. 말이 길어지는 데다 표현도 어색합니다. '이용을 하다', '준비를 하다', '확대를 하다', '졸업을 하다', '축하를 하다' 등도 같은 예입니다. '을', '를'을 빼고 한 낱말로 쓰면 됩니다.

군살의 대표 선수는 중복 표현

중복 표현을 설명하려니까 한숨부터 나옵니다. 너무너무 사례가 많거든요.

① 나는 새로 들어온 신입생을 보고 있었다.
② 우리는 역경을 극복하고 계속 앞으로 전진해 가야 한다.
③ 선생님이 압수한 휴대전화를 다시 되돌려 주었다.
④ 다음 단락을 간단히 요약하시오.

모두 수술할 데가 없는 문장 같죠? 그렇지 않습니다. 겹말, 곧 같은 뜻이 겹쳐서 된 말은 대개 한자어의 뜻을 몰라서 자주 씁니다.

①번 문장을 보면 '신입'이라는 말은 '새로 들어온'을 뜻합니다. 따라서 '신입생' 또는 '새로 들어온', 둘 중 하나만 써야 합니다.

②번 문장의 '전진(前進)'이란 말에는 '앞으로(前) 나아감(進)'이란 뜻이 있습니다. 그러니 ②번 문장은 '~ 앞으로 앞으로 나아가야 한다.'라고 쓴 셈입니다. 그냥 '~ 계속 앞으로 나아가야 한다.'로 쓰는 게 좋습니다.

③번 문장은 어떤가요. '되돌려'에서 '되'는 '다시'란 뜻이거든요. 그러니 이 문장도 '~ 다시 다시 돌려주었다.'고 말하는 거나 마찬가지입니다.

여러분이 국어 시간에 자주 보는 ④번 문장도 비슷한 경우입니다. '요약'이 '간단하게 추린다'는 뜻이거든요. 따라서 '간단히'를 빼거나 '요약'이라는 낱말을 빼고 '~ 간단히 쓰시오.'로 바꿔야 합니다.

'(가까운) 측근', '시골 초가(집) 풍경' '3년(의 기간) 동안', '동물의 (죽은) 시체', '(남은) 여생', '대략 20만 원 (정도)', '(미리) 예고했다' '과반수 (이상)', '(다시) 재기해야 한다', '여러 가지 (종류)', '(들리는) 소문에 따르면' 등도 우리가 자주 쓰는 겹말의 예입니다. 괄호 속의 내용은 모두 빼야 합니다.

같은 말을 반복하는 것도 좋지 않습니다. 반복되는 단어를 줄이거나, 대명사(사람이나 사물의 이름을 대신 나타내는 말)로 처리하세요. 문장이 간결해질 겁니다.

① 사람의 일생은 다섯 단계를 거치는데, 첫째는 유년기를 거치고, 둘째는 소년기를 거치고, 셋째는 청년기를 거치고, 넷째는 장년기를 거치고, 마지막은 노년기의 단계에 도달한다.
➡ 사람의 일생은 유년기, 소년기, 청년기, 장년기, 노년기 등 다섯 단계를 거친다.

② 그는 건축학 분야에 관심이 많았으나 건축학 분야의 학자는 아니었다.
➡ 그는 건축학 분야에 관심이 많았으나 그 분야의 학자는 아니었다.

문장의 군더더기를 제거하는 비법 ; 문장에 번호를 붙여라!

여러분이 쓴 문장에서 군더더기를 덜어 내고 싶나요? (그러면) 문장에서 역할이 분명하지 않은 요소에 괄호를 쳐 보세요. 다시 봐도 제 역할을 못하면 빼 버리는 겁니다. 앞의 문장에서 괄호 안에 있는 '그러면' 같은 말을 빼 보라는 겁니다. 빼고 읽어 봐도 어색하지 않지요?

문장이 매끄럽게 연결됐는지 알고 싶나요? 문장 하나하나에 순서대로 번호를 붙이세요. 그런 다음 다시 읽어 보세요. 문장과 문장 사이에 번호만 붙였을 뿐인데 글이 확연히 다르게 보일 겁니다. 문장과 문장 사이에 다른 문장을 넣지 않으면 무슨 소리인지 독자가 모르겠다, 이 문장은 차라리 없는 게 낫다, 뒤에 있는 문장을 앞으로 끌어와야겠다 등, 여러 생각이 들 겁니다.

번호를 매겨 문장을 정리하는 게 익숙해졌으면 글의 분량을 30퍼센트 정도 줄여 보겠다는 각오로 문장을 잘라 보세요. 두세 문장을 한 문장으로 압축하는 겁니다. 말이 좀 길다 싶을 때는 서너 문장을 아예 덜어 내세요. 아까워도 해 보세요. 전체 흐름에 아무런 문제가 없다는 사실을 발견할 겁니다.

실제로 신문사에서는 그렇게 합니다. 많은 기자들이 써 오는 기사를 전부 신문에 실을 수 없기 때문에 마땅치 않은 대목은 뭉텅뭉텅 잘라 냅니다. 기사가 잘릴까 봐 중요한 문장을 앞쪽에 쓰는 기자들도 많습니다. 그렇게 하지 않으면 중요한 부분이 사라지고 결국 기사가 통째로 실리지 않을 수도 있거든요.

문장에 번호를 붙이는 훈련은 친구와 함께 해 보세요. 글을 바꿔 읽으며 인정사정 봐주지 말고 잘라 보는 겁니다. 교과서나 동화책 문장, 신문 기사나 칼럼에 적용해도 좋습니다. 이런 훈련을 꾸준히 하다 보면 내 글이 다른 좋은 글들과 어떻게 다른지 알 수 있고, 더불어 군더더기 없는 좋은 글을 쓸 수 있게 된답니다.

우리말은 우리말답게

언어는 살아 움직이는 생물이라고 합니다. 시간이 흘러가면서 끊임없이 변하기 때문입니다. 특히 다른 문화와 교류가 활발할 때는 더 그렇습니다. 새로운 말이 흘러들어 우리말이 되기도 하거든요.

문제는 다른 문화권의 말이 무분별하게 들어와 우리 고유의 언어를 해치는 경우입니다. 실제로 우리말은 영어식 표현과 일본어식 표현으로 적잖이 오염돼 있습니다. 갈수록 그 정도가 심해져 무엇이 우리말 표현인지 헷갈릴 지경입니다.

남의 힘을 빌리지 말자 - 피동은 피하라!

우리말을 심각하게 오염시키는 것 중 하나가 피동형 문장입니다. 우리말에서는 피동형보다는 능동형 문장을 많이 쓰거든요. 능동, 피동이란 말이 좀 어렵지요? 간단히 말하면 능동은 '내가 내 힘으로 행하는 동작'입니다. '보다, 먹다, 잡다' 등으로 서술어를 씁니다. 반면 피동은 '내 힘이 아니라 남의 힘으로 행해지는 동작'이지요. '보이다, 먹히다, 잡히다' 등으로 서술어를 씁니다.

우리말은 '나는 ~한다.' 형식의 문장을 많이 씁니다. 예컨대 '나는 사진을 찍었다.'고 쓰지 '나는 사진이 찍혔다.'고 쓰지는 않습니다. 하지만 영어에서는 수동(피동과 비슷한 의미)형 문장을 많이 쓰지요. 주어를 생물이 아니라 무생물로 많이 쓰기 때문입니다.

① 최근 환절기를 맞아 건강에 각별히 주의가 있어야 하겠습니다.
② 경찰에 의해 풀려난 그 사람이 바로 범인이다.
③ 전 국민으로부터 보내진 구호품이 수재민들에게 전달됐다.
④ 모여진 성금은 재난을 당한 사람들에게 유용하게 쓰여질 것으로 보여진다.

①번 문장은 무생물인 '주의'를 주어로 써서 문장이 어색해졌습니다. 그냥 '~ 각별히 주의해야겠습니다.'라고 해도 될 것을 공연히 피

동형으로 쓴 겁니다.

②번 문장은 영어 수동태를 그대로 옮겨 놓은 꼴입니다. '경찰이 풀어 준 사람이 바로 범인이다.'라고 쓰면 문장이 훨씬 더 매끄럽지요.

③번 문장은 또 얼마나 껄끄럽습니까? '전 국민으로부터 보내진'이란 피동 문장 탓입니다. 이때는 '전 국민이 보낸'으로 쓰면 됩니다. 이 문장은 한 번 더 바꿔 볼 수도 있습니다. 주어를 '수재민'으로 삼는 겁니다. '수재민들이 전 국민에게서 많은 구호품을 받았다.'로 쓰는 거죠.

요즘에는 피동도 한 번으로는 부족한지 이중, 삼중으로 겹쳐 쓰는 사람이 많습니다. ④번이 그런 예입니다. '모여진'은 '모인', '쓰여질'은 '쓰일', '보여진다'는 '보인다'의 이중 피동입니다. 한 번 꼬인 문장을 한 번 더 꼬아 놓은 꼴입니다. 생각되어진다, 해결되어져야 한다, 설치되어져야 한다, 결정되어진다 같은 표현도 마찬가집니다. 모두 꼴사나운 표현이니 쓰지 맙시다.

영어식 표현을 피하라!

영어식 표현은 너무 많이 퍼져서 어디서부터 손을 대야 할지 모르겠습니다. 대표적인 게 'have(가지다)'와 'get(얻다)' 동사를 많이 쓰는 영어식 표현을 그대로 갖다 쓴 문장입니다.

<u>시골 학교 학생들이 곧 자매결연을 한 서울 학교의 친구들과 만남을 가질 예정이다.</u>

여기서 '만남을 가질 예정이다'는 간단히 '만날 예정이다'라고 써도 충분합니다. 그런데 많은 사람들이 '모임을 갖고', '회의를 갖고', '공연을 갖고', '즐거운 시간을 갖고'라고 씁니다. 모두 쓰지 말아야 할 표현입니다.

전치사를 많이 쓰는 영어식 표현을 함부로 써 군더더기를 만드는 사례도 많습니다. 특히 전치사 'from'을 번역한 표현 '~로부터'가 아무 데서나 등장합니다. '후배들로부터 모욕을 당했다', '미국으로부터 수입된 쇠고기', '아버지로부터 배운 예절', '회사로부터 해고된 삼촌' 등이 그런 경우입니다. '~로부터'는 '~에게'나 '~에서'로 쓰면 됩니다.

'through'를 번역한 '~를 통해'도 마찬가지 표현이니 가능한 한 쓰지 맙시다. 예컨대 '선거를 통해 나타난 민심'은 '선거로 나타난 민심'으로 써도 아무 문제가 없습니다. 'under(~하에서)'란 말도 마찬가지입니다. '비가 오는 상황 하에서도'는 '비가 오는데도'로 쓰는 게 더 낫습니다.

영어식 시제를 그대로 갖다 쓰는 표현도 어색한 게 많습니다.

<u>내 친구 찬이가 우리 아빠를 만났었을 때 명랑하게 웃으며 인사를 했었다.</u>
➡ <u>내 친구 찬이가 우리 아빠를 만났을 때 명랑하게 웃으며 인사했다.</u>

우리말은 과거를 나타내는 '~았~', '~었~'을 겹쳐 쓰지 않습니다. 이런 표현은 영어의 과거완료형을 그대로 써서 어색해진 겁니다. '~았었~', '~었었~'을 전혀 안 쓰는 건 아닙니다. 어떤 상황이 과거에는 그랬지만 지금은 더는 그렇지 않을 때 쓰지요. '예전에 이곳에서 많이 놀았었다.' 같은 문장이 그렇습니다. '지금은 놀지 않는다'는 말이지요.

일본어식 표현을 피하라!

일본어식 표현에 대해서는 사실 책 한 권으로 써도 모자랄 정도로 많습니다. 일제강점기 때 일본이 아예 우리말을 쓰지 못하게 한 결과가 지금까지 이어지고 있는 겁니다. 우리가 의식하지 못하면서 쓰는 낱말에도 일본어가 수두룩합니다. 사실 이 글을 쓰면서도 무심코 일본어식 표현을 쓰고 있는 건 아닌지 걱정될 정도입니다. 여기서는 자주 쓰는 몇 가지 예만 살펴보겠습니다. '~기 바란다', '~에 다름 아니다', '~을 함에 있어서'는 함부로 쓰는 일본어식 표현입니다. 이런 표현들은 다음의 예문처럼 간결하게 쓰는 것이 좋습니다.

① 많은 협조(이용) 있으시기 바랍니다.
→ 많이 협조(이용)해 주십시오.

② 그것은 우리말을 깔보는 증거에 다름 아니다.
→ 그것은 우리말을 깔보는 증거다.

③ 공부를 함에 있어서 → 공부할 때

우리가 너무도 자주 보고, 쓰는 이런 영어식, 일본어식 표현을 피할 방법은 없을까요? 우리말에 관심을 갖는 수밖에 없습니다. 우리말을 올바로 쓰는 작가의 글을 열심히 읽다 보면 외국어식 표현보다 우리말 표현에 더 익숙해질 수 있습니다.

김 기자의 글쓰기 특강 설명문 쓰기

　궁금한 정보를 인터넷에서 찾아본 적이 있나요? 그때 검색해서 얻은 결과물이 만족스러웠나요? 읽긴 읽었어도 도대체 무슨 소리인지 모를 때가 많지 않던가요? 인터넷에는 읽는 사람들을 생각하지 않고 지나치게 어렵게 설명해 놓은 글, 정확하게 알지도 못하면서 제 맘대로 써 놓은 글, 침이 튀도록 제 주장만 늘어놓은 글이 많습니다. 그게 다 설명문 쓰는 법을 몰라서 그런 거예요.

　<u>설명문은 어떤 물건이나 사실, 현상 같은 것을 누구든지 잘 알 수 있게 풀어 쓴 글입니다. 그러니 설명문을 쓸 때는 여러분이 잘 아는 것을 자세하게, 쉽게, 정확하게 써야지요.</u>

　먼저 글감부터 익숙한 것을 골라야 합니다. 익숙한 글감이라고 해도 내가 알고 있거나 기억하고 있는 게 맞는지 점검해야 합니다. 또 독자의 궁금증을 충분히 풀어 주기 위해 백과사전, 책, 신문 같은 사료도 충분히 찾아보고, 부모님이나 선생님 말씀도 들어 새로운 의견을 보태기도 해야 합니다. 그렇다고 딱딱한 사실이나 정보만 늘어놓아 보세요. 읽는 사람이 좋아할까요? 여러분이 체험했거나 남에게 들었던 얘기를 양념처럼 넣어 보세요. 한결 재미있고 생생한 느낌을 줍니다.

'우리 집 강아지' 얘기를 한다고 칩시다. 그 강아지가 등에 상처를 입었다고 하면 '강아지 등에 상처가 있다.'라고 단순하게 쓸 게 아니라 '식탁에 있는 접시가 떨어지는 바람에 강아지 등에 상처가 났다.'거나 '상처 덕분에 강아지가 멀리서도 눈에 잘 띈다.'고 써 보세요. '라면 끓이는 법'을 설명할 때도 간을 맞추기 위해 나중에 물을 더 부었다가 면이 퉁퉁 분 경험 등을 곁들이면 좋겠지요. '숭례문'에 관한 설명문을 쓸 때도 마찬가지입니다. 어처구니없는 화재로 숭례문이 폭삭 내려앉을 때의 느낌이나 주변 사람들의 반응을 소개하면 훨씬 생기 있는 글이 될 겁니다.

　설명문을 쓸 때는 설명하려는 요점을 정리한 다음 그걸 어떤 이야기로 풀어낼 건지 줄거리를 생각하세요. 그런 다음 조사한 자료를 알맞게 집어넣으세요. 설명한 내용이 너무 한쪽으로 쏠리지는 않았는지, 다른 사람이 문장을 이해할 수 있을지도 살펴봐야겠죠.

　설명문을 쓰다 보면 여러분이 갖고 있는 지식이나 정보를 정리하는 힘을 기르게 됩니다. 그 과정에서 '내가 알고 있는 게 이것밖에 안 되는구나.', '대충 알면 안 되겠구나.' 하고 느낄 겁니다. 그러니 당연히 궁금한 것을 묻고, 답을 얻기 위해 자료를 찾게 되지요. 그 과정에서 새로운 지식을 얻고, 여러 가지 정보를 필요에 따라 분석하고 종합하는 능력도 갖게 됩니다. 대학교수, 신문기자, 전문 작가들도 다 이런 방식으로 공부하면서 글을 씁니다.

게임은 재밌다

철민이와 놀고 싶

놀이터에서 친구들

수학은 예쁘다

4장

문장이 모여 모여!

- 문단은 단단한 문장 덩어리
- 문단은 방 꾸미듯
- 문단도 가지가지
- 문단의 소원은 통일
- 김 기자의 글쓰기 특강 | 논설문 쓰기

문단은 단단한 문장 덩어리

집을 지을 때는 생각할 게 참 많습니다. 먼저 어떤 집을 지을까 생각합니다. 한옥, 양옥 아니면 아파트 같은 공동주택을 놓고 고민하겠죠. 그다음엔 설계도를 그려야겠지요. 방은 몇 개를 들일까, 기둥과 벽은 어디에 몇 개나 세울까 정해야 합니다.

글을 쓸 때도 비슷합니다. 어떤 주제로 쓸까 생각해야지요. 그다음엔 기둥과 벽을 세우듯 몇 개의 '문장 덩어리(문단)'로 구성할까 궁리합니다. 집이 몇 개의 방으로 구성되듯 글 역시 몇 개의 문단으로 이뤄지니까요. 이처럼 글을 쓰는 과정이 집을 짓는 과정과 비슷해서 '글짓기'란 말이 나왔나 봅니다.

문단이란 뭘까요? 간단히 말하면 하나의 주제 아래 여러 문장이 모인 한 덩어리 짧은 글입니다. 문장이 모여 있기만 하면 문단이 되는 건 아닙니다. 문장 각자가 하나의 주제와 밀접하게 연결돼 있어야 합니다. 공부방에는 책, 책상, 의자, 책장, 스탠드 등 공부와 관련 있는 집기가 있어야 하는 것과 같은 이치입니다. 공부방에 세면대나 식탁이 있으면 안 된다는 겁니다.

문단이 뭔지 구체적으로 예를 들어 보겠습니다.

건호는 영어 공부 하는 것을 좋아한다. 라디오 영어 방송 음악을 듣고 잠에서 깬다. 아침을 먹을 때는 영어 신문을 읽는다. 학교에서도 쉬는 시간에 틈나는 대로 단어를 외운다. 영어 수업은 가장 신 나는 시간이다. 특히 원어민 강사와 회화를 하는 날은 더 즐겁다. 정확한 발음과 문장 구성법을 배울 수 있기 때문이다. 집에 돌아오면 미국 드라마를 열심히 본다. 일상에서 쓰는 미국식 영어를 접할 수 있어서다.

모두 아홉 개의 문장으로 만든 문단입니다. 문장 하나하나가 '건호는 영어 공부를 좋아한다.'는 중심 생각과 관련이 있지요. 여기서 문단은 '하나의 중심 생각을 드러내기 위해 관련 있는 문장을 모아 놓은 문장 덩어리'라는 걸 확인할 수 있습니다. 좀 더 구체적으로 말하면 문단은 중심 생각을 담은 '중심 문장(소주제문이라고도 합니다)'과 그것을 설명하는 '뒷받침 문장'으로 이루어져 있습니다. 위의 문단에서 중심 문장은 '건호는 영어 공부 하는 것을 좋아한다.'입니다. 그 밖의 다른 문장은 중심 문장을 드러내는 '뒷받침 문장'이지요.

　중심 문장은 어떻게 만들까요? 뒤따라올 뒷받침 문장을 미리 생각해서 만들어야 합니다. 뒷받침 문장 전체의 내용을 아우를 수 있어야 한다는 겁니다. 뒷받침 문장의 공통 성질을 잡아내야 가능한 일입니다. 예를 들어 볼까요?

　아빠는 설탕을 듬뿍 넣은 커피를 좋아한다. 엄마가 만드는 밑반찬은 달착지근하다. 비빔밥을 만들 때도 설탕을 넣는다. 누나는 아이스크림을 먹을 때 초콜릿 시럽을 얹는다. 과자도 당도가 높은 쿠키를 주로 고른다. 나는 빵에 난밭이나 달콤한 잼이 없으면 먹지 않는다.

　이들 문장에는 어떤 공통된 성질이 있지요? 그렇습니다. 가족 한 사람 한 사람이 단 음식을 좋아한다는 겁니다. 그것을 살려 '우리 식구는 달콤한 음식을 좋아한다.'로 중심 문장을 만들면 되겠지요.

<u>뒷받침 문장들은 중심 문장의 내용을 풀어 주어야 하기 때문에 구체적으로 써야 합니다. 그래서 중심 문장과 관련된 사건과 일화를 담기도 합니다.</u>

나는 우리 반 아이들을 좋아합니다. 아홉 살에서 열 살인 3학년 아이들은 으레 이빨이 두세 개쯤 빠져 있어, 웃을 때 드러난 잇몸을 보면 절로 웃음이 납니다. (……) 어떤 때는 얄미워서 벌을 주고 싶어도, 벌쭉 웃고 마는 그들의 천진난만한 표정을 보면 스르르 화가 풀리고 맙니다. 웃음 사이로 보이는, 새싹처럼 앙바틈히 돋아난 새 치아를 보면, 그만 안아서 얼굴을 대고 볼을 비비고 싶도록 귀엽습니다.

《우리 반 아이들》(정목일, 문학수첩)

이 문단은 '나는 우리 반 아이들을 좋아합니다.'란 중심 문장의 내용을 잔잔한 이야기로 정겹게 풀어 주고 있습니다.

문단 하나 더 볼까요.

컴퓨터는 우리 삶에 깊숙이 들어와 있다. 비행기 좌석 예약은 물론 문서나 편지를 작성할 때도 컴퓨터로 한다. 컴퓨터는 자동차를 만들거나 환자를 진단할 때, 집을 지을 때도 없어서는 안 되는 필수품이다. 미사일로 목표물을 명중시키고 인공위성을 쏘아 올릴 때도 컴퓨터의 도움이 절대적으로 필요하다. 컴퓨터가 없다면 현대인의 삶은 몹시 불편할 것이다.

'컴퓨터는 우리 삶에 깊숙이 들어와 있다.'라는 중심 문장을 드러내기 위해 다양한 사례를 동원했네요.
중심 문장에 어떤 주장을 담을 때는 논리적으로 그것을 설명해 주는 뒷받침 문장을 써야 할 때도 많지요. 이때 왜냐하면, 그러므로, 따라서, 그리하여 등과 같은 접속어를 사용해 자기주장이 이치에 맞다는 것을 증명해 보이면 됩니다.

문단은 방 꾸미듯

방을 꾸밀 때는 방의 용도를 먼저 정합니다. 문단을 만들 때도 주제부터 정해야 합니다. 용도를 정했으면 거기에 걸맞은 가구며 집기를 들여놓아야겠지요. 문단을 쓸 때도 주제에 맞는 뒷받침 문장을 장만해야 합니다. 용도에 맞게 방 분위기를 꾸미는 것처럼 주제에 어울리는 글투도 생각해야겠지요. 방 크기도 생각해야 합니다. 작은 방에 너무 많은 가구를 들여놓으면 문을 여닫기가 힘들 듯 하나의

문단에 너무 많은 내용을 담으면 문단이 삐걱거립니다.

 여러분이 좋아하는 텔레비전을 글감 삼아 문단을 만들어 볼까요? 텔레비전은 할 말이 참 많은 글감이지요. 텔레비전의 기능, 방송 프로그램, 출연자, 시청자, 광고 등 마음만 먹으면 얼마든지 이야깃거리를 찾을 수 있습니다. 그래서 주제 잡기가 쉽고도 어렵습니다. 선택할 거리가 많은 만큼 고민할 거리도 많으니까요.

 여기서는 소주제 곧, 중심 문장을 '텔레비전은 현대인의 삶에 도움을 준다.'로 삼아 볼게요. 먼저 텔레비전의 좋은 점을 찾아야겠죠? 어떤 게 있을까요? 뉴스 프로그램이 빠르게 정보를 제공한다, 드라마나 예능 프로그램이 즐거움을 준다, 다큐멘터리 같은 교양 프로그램은 지식과 감동을 준다……. 모두 소주제문과 연관 있는 뒷받침 문장들입니다.

 이런 문장들로 문단을 꾸리면 어떨까요? 소주제문에서 말하려는 내용이 독자에게 충분히 전달될까요? 내용이 너무 듬성듬성해서 '장님 코끼리 만지는 격'이 될 겁니다. 내용이 틀린 것도, 주제문에 어긋난 것도 없지만 구체적이지 않으니까요.

 왜 이런 일이 벌어진 걸까요? 한 문단에 담기에는 너무 큰 중심 생각을 골라서 그렇습니다. '텔레비전은 현대인의 삶에 도움을 준다.'는 한 문단이 아니라 한 편의 글로 쓰기에도 벅찬, 폭넓은 주제이기 때문입니다.

범위를 좁혀 '텔레비전 드라마의 좋은 점'을 소주제로 정해 볼까요? 드라마의 좋은 점은 뭐가 있을까요? 아무래도 이야기를 보는 즐거움이 있겠죠. 흥미진진한 소재를 재미있고 실감 나게 다루니까요. 또 드라마는 다양한 사람들의 삶을 보여 줍니다. 부자와 가난한 사람, 평범한 이웃, 권력기관이나 첨단 업종에서 일하는 사람, 심지어 폭력배나 거지의 삶까지 보여 주잖아요. 드라마를 보노라면 다른 사람과 함께 살아가는 법, 해야 할 일과 하지 말아야 할 일을 깨닫기도 합니다. 특히 사극은 책에서는 볼 수 없는 장면을 눈앞에 재현해 역사 이해에도 도움이 되지요. 지금까지 장만한 뒷받침 문장을 정리해 문단을 만들어 봅시다.

주제 : 텔레비전 드라마의 좋은 점

텔레비전 드라마는 우리 삶에 여러 가지 도움을 준다. 먼저 다양한 사람들의 삶을 보여 준다. 예를 들면 부자나 권력자, 첨단 업종에서 일하는 사람, 심지어 폭력배와 거지의 삶까지 다룬다. 우리가 체험하기 힘든 여러 삶을 보여 줌으로써 인생을 살아가는 데 필요한 지혜도 준다. 다른 사람과 함께 살아가는 법, 해야 할 일과 하지 말아야 할 일도 깨닫게 해 준다. 특히 사극은 학생에게 유익하다. 책에서 볼 수 없는 장면을 실제처럼 보여 주기 때문에 역사를 이해하는 데 도움이 된다. 우리 조상들이 어떻게 살았는지도 보여 줘 우리의 '뿌리'를 알게 해 준다.

같은 소재로 다른 주제의 문단을 만들 수도 있습니다. 텔레비전 프로그램을 비판하는 사람들 가운데는 '드라마가 악의 온상 구실을 한다'고 지적하는 이도 있거든요. 과소비를 부추기고, 폭력과 범죄 수법을 알려 주고, 사람을 차별하게 만들고, 악한 행위를 포장하고, 세상을 부정적으로 보게 한다는 겁니다. 이런 내용으로 문단을 만들어 봅시다.

주제 : 텔레비전 드라마의 나쁜 점

요즘 텔레비전 드라마는 많은 부작용을 낳는다. 화려한 볼거리를 제공하기 위해 외제 차를 타고 값비싼 명품을 들고 다니는 주인공을 자주 등장시킨다. 그런 장면을 보다 보면 지갑 사정이 두둑하지도 않으면서 '나도 하나 갖고 싶다.'는 생각을 하게 된다. 그뿐 아니다. '나는 언제나 저런 삶을 살아 볼까.' 하면서 괴로워하기도 한다. 폭력 장면을 멋있게 그려서 철없는 아이들이 드라마를 흉내 내 범죄를 저지르기도 한다.

'텔레비전 드라마'라는 같은 소재로 만든 두 문단의 내용에는 큰 차이가 있지요. 그만큼 주제를 정하는 일이 중요합니다. 하지만 뒷받침 문장이 제구실을 하지 못하면 주제를 아무리 잘 잡아도 소용없습니다. 주제를 골똘히 생각하고 조사해서 그것을 고스란히 드러내 주는 사례, 또는 독자를 설득할 수 있는 논리적인 설명을 동원해야 한다는 말입니다. 물론 주제에서 벗어나는 문장은 없는지 살펴 과감하게 솎아 내기도 해야 합니다. 자칫 문장 하나가 문단을 망가뜨리고 글쓴이에 대한 신뢰를 깨뜨릴 수도 있으니까요.

문단의 길이는 어느 정도가 좋을까요? 정해진 법칙은 없습니다. 소주제문을 충분히 드러낼 수 있을 정도면 된다고들 하지요. 굳이 숫자로 말하라면 7~10개의 문장이 적당할 겁니다. 다만 글의 성격이나 독자층에 따라 달라질 수 있습니다. 글이 다루는 주제가 어렵고 딱딱하다면 논리적으로 설득하고, 어려운 내용은 쉽게 풀어 줘야 하니까 아무래도 문단이 길어지겠지요.

문단도 가지가지

우리 속담에 '모로 가도 서울만 가면 된다.'는 말이 있습니다. '모로'란 말은 '옆쪽으로' 또는 '비껴서'란 뜻입니다. 어떻게든 서울에만 도착하면 된다, 곧 무슨 수를 쓰든 바라는 결과만 얻으면 된다는 뜻이지요.

글 쓰는 사람의 열에 아홉은 이 속담을 좋아합니다. 독자를 감동시킬 수만 있다면, 독자에게 말하려는 것을 제대로 전할 수만 있다면 어떤 형식이든 사용할 테니까요.

하지만 서울에 도착만 하면 된다고 해서 주어진 시간을 훨씬 넘긴다거나 지나치게 비용을 많이 쓰면 어떻게 될까요? 안 가는 것만 못하겠죠. 글을 쓸 때도 상황은 비슷합니다. 글의 분량이 너무 많으면 독자가 아예 외면하거든요.

소주제문과 뒷받침 문장을 어떤 순서와 의도로 쓰느냐에 따라 다양한 문단을 만들 수 있습니다. 솜씨 좋은 작가들은 소주제를 효과적으로, 눈에 띄게 전달하기 위해 갖가지 방식으로 문단을 갖고 놉니다.

소주제문을 어디에 쓰느냐에 따라 문단은 몇 가지 유형으로 나뉩니다. 소주제문을 문단의 앞에 쓰면 두괄식, 뒤에 쓰면 미괄식, 가운데 쓰면 중괄식, 앞과 맨 뒤 두 곳에 쓰면 양괄식이라고 합니다. 때에 따라 소주제문을 아예 쓰지 않고 중심 생각을 드러내기도 하는데 이를 무괄식 문단이라고 합니다. 지금부터 차례대로 예를 들며 문단의 유형을 살펴보겠습니다.

주제야, 앞으로 오거라! - 두괄식

소주제문을 문단의 앞에 두는 형식입니다. 한자로 '머리 두(頭)' 자를 써서 두괄식이라고 하지요. 뒷받침 문장은 당연히 소주제문 뒤에 오겠죠. 두괄식은 글쓰기에서 가장 많이 사용하는 문단 형식입니다. 첫머리에 중심 생각을 제시하기 때문에 읽는 이에게 주제를 선명하게 전달할 수 있습니다. 쓰는 사람도 글이 나아가야 할 목표 곧, 소주제문을 보면서 쓸 수 있어 좋습니다. 뒷받침 문장이 샛길로 빠지는 걸 예방할 수 있으니까요.

두괄식 문단의 예)

글을 쓰는 과정은 어렵다. 글감을 고르는 것부터 쉽지 않다. 세상 모든 것이 글감이라고 하지만 글감을 택할 때는 그럴 만한 이유를 잘 찾아야 하기 때문이다. 글감을 골라도 어떤 주제로 쓸 것인지 정하는 건 만만치 않다. 평소 글감에 대해 생각해 두지 않으면 어떤 의견을 전할지 고민해야 한다. 주제를 정한 다음에는 그것을 뒷받침해 주는 사례, 논리 등을 찾아야 하는데, 이 또한 쉽지 않다. 생각을 모으거나 자료를 조사하거나 공부해야 한다. 그것을 짜임새 있는 문장으로 만드는 건 더 힘들다. 완성된 글이 애초의 생각을 제대로 전달했는지, 논리에 어긋나지 않는지, 잘못된 문장은 없는지 검토하는 일이야말로 더없이 피곤한 일이기 때문이다.

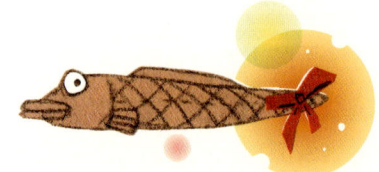

주제야, 뒤로 가거라! - 미괄식

소주제문을 문단의 뒤에 두는 형식입니다. 한자로 '꼬리 미(尾)' 자를 써서 미괄식이라고 부르지요. 소주제를 드러내기 위해 장만해 둔 뒷받침 문장을 먼저 쓰고 그것을 아우르는 소주제문을 뒤에 쓰는 방식입니다. 두괄식을 쓰는 방법과 그리 다를 게 없습니다. 다만 소주제문이 뒤에 있으므로 뒷받침 문장의 순서를 고르고 접속어를 덧붙여 매끄럽게 문장을 이으면 됩니다.

미괄식 문단은 중심 생각이 뒤에 '짜잔' 하고 나타나는 극적인 느낌을 주기도 합니다. 그래서 뒷받침 문장은 뒤로 갈수록 소주제문과 밀접해집니다.

미괄식 문단의 예)

달콤한 사탕을 먹던 입으로 사과를 한 입 베어 물었다. 심심하고 밍밍한 것이 영 맛이 없다. 강하게 단맛을 들여 놓은 입에 사과가 제맛이 날 리가 없다. 사람의 미각은 달거나 맵고 짠 양념이 너무 강하면 음식의 제맛을 볼 수 없게 되어 있다. 향신료의 강한 맛이 우리의 혀를 마비시켜 버리기 때문이다. 진한 양념으로 둔감해진 입맛으로는 음식의 감칠맛을 느낄 수 없는 것이 당연하다. 인생의 맛도 행복감도 이와 같다.

《수묵화의 행복론》(신일철)

주제는 가운데로 오너라! – 중괄식

문단의 가운데 부분에 소주제문을 두는 형식입니다. 한자로 '가운데 중(中)' 자를 써서 중괄식이라고 합니다. 뒷받침 문장으로 시작해 소주제문을 보여 준 뒤 뒷받침 문장으로 보충해 주는 짜임새입니다. 앞부분에서 주제와 관련된 내용을 이끌어 낸 뒤 주제문을 제시하고, 주제를 다시 보충할 수 있으므로 가벼운 마음으로 써 내려갈 수 있습니다. 그러나 소주제문을 밝힌 뒤 다시 보충하다 보면 자칫하면 앞에서 한 말을 반복한다는 느낌을 주기 쉽습니다. 읽는 이의 입장에선 소주제문을 찾기 어려워 내용 파악에 어려움이 있지요. 주제가 선명하게 드러나지 않을 수 있다는 말입니다.

중괄식 문단의 예)

갈매기 조나단은 먹고 자는 데만 관심 있는 다른 갈매기와 달랐다. 높이 그리고 빨리 날고 싶어 힘겨운 비행 연습을 멈추지 않았다. 부모는 괜한 짓을 한다고 타박했다. 동료도 별나게 행동하는 조나단을 멀리했다. 그러나 갈매기 집단에서 쫓겨난 조나단은 좌절하지 않았다. '가장 높이 나는 새가 가장 멀리 본다.'는 믿음을

지니고 있었기 때문이다. 어려운 현실을 버텨 낸 덕분에 조나단은 멋있고 빠르게 나는 갈매기로 인정받게 된다. 이렇게 믿음을 갖고 꿈을 향해 달려가는 자는 보상을 받는 법이다. 시청각 장애에도 불구하고 세계적인 사상가이자 사회 사업가가 된 헬렌 켈러, 인종 차별의 편견 속에서 미국 대통령이 된 오바마 역시 믿음을 잃지 않고 노력해 훌륭한 인물이 되었다.

주제를 앞뒤에 배치하라! - 양괄식

소주제문을 문단의 앞과 뒤 양쪽에 제시하는 형식입니다. 한자로 '둘 양(兩)' 자를 써서 양괄식이라고 합니다. 앞의 소주제문을 뒷받침 문장으로 풀어 준 다음 마지막에 한 번 더 소주제문으로 마무리하는 형식입니다. 중심 생각을 거듭 강조하는 셈이죠. 그렇다고 앞뒤 소주제문이 완전히 똑같으면 안 되겠죠? 표현이나 내용도 조금 바꿔야겠지요. 이때 중심 생각까지 바꾸면 안 됩니다. 읽는 이가 혼란을 느끼니까요.

양괄식 문단의 예)

대는 강하면서도 강하지 않고, 연하면서도 연하지 않아 사람들이 쓰기에 편합니다. 잘 휘어지니 광주리나 상자를 만들 수 있고, 가늘게 쪼개어 엮으면 문에 걸치는 발이 되며, 적당히 잘라서 짜면 마루 위에 까는 자리가 되고, 잘라서 잘 깎으면 옷상자, 도시락, 술 용수, 소나 말을 먹이는 죽통, 대그릇, 조리 따위가 됩니다. 이러한 종요로운 그릇들이 모두 대로 되었으니, 대란 우리 인간에게 있어서 커다란 공헌을 하고 있습니다.

《월등사 대나무 이야기》(이인로)

주제야, 꼭꼭 숨어라! - 무괄식

소주제문이 없는 문단을 말합니다. 한자로 '없을 무(無)' 자를 써서 무괄식이라고 합니다. 뒷받침 문장들로만 중심 생각을 드러내는 형식이기 때문에 문장을 세심하게 배

열해야 하지요. 뒷받침 문장만 읽어 나가도 저절로 주제를 파악할 수 있게 하자면 글솜씨가 필요합니다. 글쓴이가 주제를 겉으로 선명하게 드러내야 하는 논설문이나 설명문보다는 소설이나 수필 같은 문학 작품에 어울리는 형식입니다.

아래의 예시 문단을 보세요. '글쓰기는 어렵다'란 주제를 분명하게 적지 않았지만 글쓴이의 생각이 잘 드러나 있습니다.

무괄식 문단의 예)

글쓰기 시간만 되면 아이들은 '뭘 쓰지?' 하며 고민한다. 연필 끝을 물어뜯고, 공연히 지우개로 책상 바닥을 긁어 댄다. 어쩌다 몇 개의 낱말을 써 놓곤 곧 지워 버린다. 괜히 옆자리 친구가 무엇에 대해 쓰는지 기웃거려 보지만 별로 도움이 되지 않는다. 용케 쓸 거리를 정해도 나아지는 건 없다. 어떤 내용으로 써야 할지 생각나지 않기 때문이다. 그렇게 고민하다 보면 30분이 훌쩍 지나간다. 이제는 시간에 쫓겨 가슴이 답답해지고 '나는 왜 글을 못 쓸까.' 한탄한다. 할 수 없이 떠오르는 대로 억지로 문장을 만든다. 당연히 내용은 뒤죽박죽이다. 마음이 급해 지우개가 왔다 갔다 하고 글자 위에 줄을 찍 그어 댄다. 하지만 실타래처럼 꼬인 문장이 스스로 알아서 풀어질 리가 없다.

문단의 소원은 통일

　문단은 방과 비슷하다고 했지요? 문단을 잘 구성하는 일은 방을 잘 꾸미는 것과 같습니다. 그럼 좋은 방은 어떤 방일까요? 용도에 맞아야겠지요. 공부방이면 공부하기 좋게, 주방이면 조리하기 좋게, 침실이면 잠자기 좋게 만들어야 합니다. 공부방에 식탁, 싱크대, 소파를 죄다 갖다 놓아서야 공부방 구실을 제대로 하겠어요?

　문단도 마찬가지입니다. 하나의 문단은 하나의 생각 곧, 하나의 소주제만을 다룬다고 생각하세요. 주제와 관련 있는 문장만 남겨 두고 다른 것은 버리세요. 다시 강조합니다. 공부방에 식탁과 싱크대, 소파 같은 것을 둬서는 안 됩니다.

　문단 하나를 직접 써 보면서 알아볼까요? 여러분은 코가 예쁜가요? 좀 느닷없죠? 김 기자는 코가 못생겨서 콤플렉스가 있거든요. 재미 삼아 '내 코는 참 못생겼다.'란 소주제문으로 문단을 만들어 보겠습니다. 여기서 뒷받침 문장을 만들려면 두 가지를 신경 써야 합니다. '코'와 '못생겼다'입니다. 눈, 입, 귀가 아니라 코에, '잘생겼다'가 아니라 '못생겼다'에 초점을 맞춰야 한다는 겁니다.

<u>내 코는 참 못생겼다. 보기에 불편할 정도다. 콧등이 낮은 데다 왼쪽으로 코가 휘었다. 이렇게 못생긴 코도 드물다.</u>

소주제문의 내용이 잘 드러났나요? '보기에 불편할 정도다.', '이렇게 못생긴 코도 드물다.'란 문장이 새로운 정보를 전혀 주지 못합니다. 그저 표현만 바꿔 못생겼다는 말을 반복할 뿐이죠. 하나의 문단이 제 역할을 하려면 중심 문장 곧, 소주제문의 내용을 독자에게 충실하게 전달해야 합니다. 뭔가를 말하다가 중간에 멈추면 안 되지요. 새로운 내용 없이 앞에서 한 말을 반복해도 곤란합니다. 이런 점에서 위의 문단은 완결성을 갖추지 못한 셈입니다. 소주제문을 구체적으로 풀어 주기 위해 예를 들지도, 비유와 인용을 하지도, 논리적으로 설명하지도 못했습니다. 다음 문단은 어떤가요?

<u>내 코는 참 못생겼다. 우선 콧등이 너무 낮다. 안경을 쓰는 데 불편할 정도다. 게다가 코가 왼쪽으로 휘었다. 얼굴이 비뚤어진 것처럼 보이는 것도 그 때문이다. 콧구멍은 또 왜 그렇게 작은가? 커다란 종이 위에 작은 점을 찍어 놓은 것 같다. 좀 과장하자면 호흡이나 제대로 할 수 있을까 의심스럽다. 호흡을 못하면 살아가기 힘든데 말이다. 그래도 내 코는 옆에서 보면 제법 오똑하다. 또 코와 달리 눈은 동그랗고 커서 나름대로 조화를 이룬다.</u>

앞 문단보다는 코의 생김새를 훨씬 더 구체적으로 묘사했습니다. 콧등이 낮다, 왼쪽으로 휘었다, 콧구멍이 작다고 말이죠. 얼마나 낮고 휘고 작은지도 자세하게 설명했습니다.

그럼 이 문단은 온전한가요? 그렇지 않습니다. 좋은 문단이 갖춰야 할 조건 가운데 하나인 **통일성**을 잃고 있으니까요. 중심 내용과 어긋날 뿐 아니라 연결되지 않는 뒷받침 문장이 있거든요. '호흡을 못하면 살아가기 힘든데 말이다.'라는 문장은 '코가 못생겼다'는 주제와 상관없는 내용입니다. 과감하게 빼야지요. '그래도 내 코는 옆에서 보면 제법 오똑하다.'는 어떤가요? 못생겼다는 말을 뒤집는 내용입니다. '또 코와 달리 눈은 동그랗고 커서 나름대로 조화를 이룬다.'란 문장도 문제입니다. 코만 얘기해야 하는데 눈을 얘기하고 있습니다. 눈에 관해 할 얘기가 더 있으면 차라리 다른 문단을 만드는 게 낫습니다.

좋은 문단이라면 앞에서 지적한 완결성, 통일성과 함께 일관성도 갖춰야 합니다. 일관성이란 처음부터 끝까지 한결같은 성질을 말합니다. 문단에서는 여러 문장이 일관된 질서와 논리에 맞게 연결돼야 합니다.

일관성을 유지하려면 어떻게 해야 할까요? 방법은 많습니다. 먼저 접속어를 효과적으로 활용해 앞뒤 문장을 매끄럽게 이어 주는 겁니다. 앞 문단에서 우선, 게다가, 또 같은 접속어(구)를 사용했듯이 말입니다. 앞에 나온 말을 대신하는 지시어를 사용해도 좋겠죠. 문장의 연결 고리 노릇을 하니까 내용이 긴밀하게 이어집니다.

비슷한 내용을 다른 표현으로 강조하는 것도 일관성을 살리는 데 도움이 됩니다. '콧등이 낮다.'와 내용이 비슷한 문장 '안경을 쓰는 데 불편할 정도다.'를 덧붙이는 식으로 말입니다.

이처럼 좋은 문단의 세 가지 요건 곧, 완결성, 통일성, 일관성을 두루 갖추기는 쉽지 않습니다. 자주하는 얘기지만 생각은 제멋대로 움직이려는 성질이 있어서 제 주인의 말을 잘 듣지 않거든요. 글을 많이 쓰면서 생각을 모으고 조절하고 통제하는 힘을 길러야 합니다. 좋은 글을 쓰는 사람들은 다들 그런 노력을 한답니다.

김 기자의 글쓰기 특강 논설문 쓰기

태수 : 엄마, 일요일 저녁엔 텔레비전 오락 프로 좀 보게 해 주세요.

엄마 : 왜 갑자기? 텔레비전 안 보기로 약속했잖아.

태수 : 그렇긴 하지만 일요일에 한두 시간 정도 본다고 큰일 나는 건 아니잖아요.

엄마 : 글쎄.

태수 : 요즘 책도 많이 보고 공부도 열심히 하잖아요.

엄마 : 그러니까 좋잖아.

태수 : 만날 그렇게 하니까 좀 쉬어야죠. 그래야 머리도 잘 돌아가요. 아빠도 그러잖아요. 적당히 쉬어야 더 좋은 결과가 나온다고.

엄마 : 근데 왜 하필 오락 프로그램이야?

태수 : 머리 식히는 데 좋거든요.

엄마 : 가끔 보는 뉴스나 다큐멘터리로는 머리가 안 식어?

태수 : 그런 게 좋다는 건 알지만 그걸 보는 건 공부하는 거 같아 부담스럽거든요.

엄마 : 다큐멘터리는 너도 재미있다고 그랬잖아?

태수 : 근데 좋은 음식도 계속 먹으면 질리잖아요. 엄마도 알면서.

엄마 : 요즘 오락 프로그램 너무 이상하지 않니? 다 큰 어른들이 유치하게 말장난만 하고 꼭 바보같이 행동하잖아.

태수 : 그래도 그냥 낄낄대다 보면 스트레스가 풀려요.

엄마 : 네가 바보 되는 것 같진 않고?

태수 : 엄마는 안 믿겠지만 가끔 배울 게 있어요.

엄마 : 설마?

태수 : 게임할 때 너무 이기려고만 하는 사람 있잖아요. 얄미워요. 그런 거 보면서 정정당당하게 해야지 져도 떳떳하다는 걸 생각한단 말이에요.

엄마 : 제법인데.

태수 : 말도 함부로 하면 안 되겠다는 걸 배워요. 아무리 농담이라도 듣는 사람은 기분 나쁠 거 아녜요.

엄마 : 그건 그렇네.

태수 : 이런 걸 오락 프로처럼 실감 나게 가르쳐 주는 건 없어요.

엄마 : 네 친구들도 오락 프로 많이 보니?

태수 : 그럼요. 애들이 그 얘기를 얼마나 많이 하는데.

엄마 : 너는 그 얘기를 모를 거 아냐.

태수 : 바로 그거예요. 나 혼자만 모르니까 대화가 안 돼요. 엄마 아들이 친구와 대화를 못하는 건 바라지 않죠?

엄마 : 그나저나 한 번 보면 계속 보고 싶을 텐데?

태수 : 그러니까 한두 시간만 보겠다는 거죠.

엄마 : 그게 잘 될까?

태수 : 아, 진짜. 엄마는 아직도 날 어린애 취급하시네. 이제 나도 뭘 어떻게 해야 하는지 정도는 안다니까요.

엄마 : 그게 안 지켜지면 어떻게 할 거야?

태수 : 오락 프로 못 보는 거죠, 뭘. 약속할게요.

태수란 학생이 엄마와 나누는 대화입니다. 태수는 엄마를 잘 설득하고 있네요. 가끔 엄마에게 공격받긴 하지만 도망가지 않고 이런저런 이유를 대면서 잘 막아 냅니다. 거꾸로 엄마가 꼼짝 못하도록 반격하기도 하지요? 아빠 말을 인용하기도 하고 친구들 얘기도 곁들이면서요. 억지 부리는 게 아니라 엄마가 고개를 끄덕이게 만드는 거죠. 그러면서 엄마가 안심하게 합니다.

태수는 순발력이 좋아서 자기주장을 잘 펼친 걸까요? 아닙니다. 무턱대고 엄마한테 오락 프로를 보게 해 달라고 조르면 씨도 먹히지 않는다는 걸 잘 아는 겁니다. 그래서 자기가 주장할 내용을 정확하게 정해 놓고 현명한 엄마가 꼬치꼬치 따질 것에 대비해 마땅한 대답을 미리 생각해 놓은 거죠.

역사에 남을 의미 있는 대화도 아닌데 왜 이렇게 자세히 설명하는지 아세요? 논설문 쓰는 법을 알려 주기 위해서입니다. 여러분에게 논설문을 쓰라고 하면 대단히 어려워합니다. 논설문이 뭔지 잘 몰라서 그러는 겁니다. 논설문은 자기 생각을 강하게 내세우는 글입니다. 태수란 학생처럼 주말에 텔레비전 오락 프로그램을 보게 해 달라고 엄마에게 강하게 주장하는 방식의 글이지요.

강하게 말하라고 해서 남이 듣든 말든 상관하지 말라는 건 아닙니다. 내가 생각하는 것을 또박또박 이치에 맞게 말해서 다른 사람이 나와 같은 생각을 갖게 해야 합니다. 다시 천천히 읽어 보면 알겠지만 태수도 그렇게 했습니다. 적당한 휴식이 좋은 결과를 낳는다, 휴식은 머리를 식히기 위한 것이니까 다큐멘터리보다는 오락 프로가 낫다, 그것을 보면 배울 점도 있고 친구와 대화하기도 좋다……. 구구절절 이치에 맞으니 엄마가 고개를 끄덕일 수밖에요. 결과적으로 엄마가 태수 말에 동의하게 된 셈이죠.

김 기자가 보기에 자기주장이 뭔지 모르는 학생이 많습니다. 아예 자기주장이 없는 학생도 있으니 자기주장을 드러내야 하는 논설문을 못 쓸 수밖에요. 그래서 평소에 어떤 생각거리가 생기면 내 생각이 뭔지 곰곰이 따져 보는 습관을 들여야 합니다.

논설문을 쓸 때는 자기주장을 받아들여 줄 사람이 누군지 잘 알아 둬야 그 사람을 잘 설득할 수 있어요. 태수는 그걸 잘 파악하고 있습니다. '엄마'란 사람들은 자식이 잘되기를 바라고, 비뚤게 자라지 않을까 걱정합니다. 그걸 정확하게 안 거죠. 그래서 오락 프로도 적당히 보면 자식에게 도움이 된다는 걸 엄마에게 알려 준 겁니다.

논설문이 쓰기 어려운 건 세상 사람들 생각이 다 제각각이기 때문입니다. 논리적으로 주장해도 통하지 않을 때가 많습니다. 나와 다른 생각을 갖고 있는 사람에게는 특히 그렇지요. 그러니까 내 주장에 반대하는 사람의 의견을 고려해야 합니다. 엄마의 반대 의견을 미리 생각한 태수처럼 말이에요.

논설문을 쓰는 방법은 6장에서 다시 구체적으로 짚어 보겠습니다.

공통점과 차이점을 찾자 – 비교와 대조

초등학교 숙제 중에 우리가 보통 타고 다니는 시내버스와 기차의 공통점과 차이점을 조사해 오라는 게 있습니다. 여러분도 한 번쯤 비슷한 숙제를 해 봤을 겁니다. 재미 삼아 한번 볼까요.

시내버스와 기차	
공통점	차이점
· 교통수단 · 정해진 곳에서만 탈 수 있다. · 긴 상자 모양이다. · 창문이 여러 개다. · 바퀴가 달려 있다.	· 버스는 도로에서, 기차는 철로에서 달린다. · 버스 안에는 화장실이 없지만, 기차 안에는 화장실이 있다. · 버스는 한 칸, 기차는 여러 칸이다.

왜 이런 걸 숙제로 낼까요? 두 가지 사물을 비교하는 과정에서 생각하는 힘을 기르고 그것의 성질과 특성을 정확하게 이해할 수 있기 때문입니다.

우리 반 영희는 '소녀시대' 멤버 윤아와 비슷하게 생겼어. 머리 모양부터 생머리를 길게 기른 데다 얼굴이 윤아처럼 예쁘장해. 몸매도 날씬하고 다리는 엄청 길어.

여러분도 가끔 이런 대화를 할 때 있지요? 우리가 어떤 사건이나 사물을 설명하려 할 때 그와 비슷한 대상을 끌어다가 견주는 것을 비교라고 합니다. 사실 비교는 우리가 말하거나 글을 쓸 때 자주 사용하는 설명 방법입니다. 친구를 짓궂게 놀릴 때 '골룸 같다'고 하는 것도, 밥을 많이 먹는 사람을 보고 '돼지 같다'고 하는 것도 일종의 비교란 말이죠. 예를 하나 더 들겠습니다.

월드컵 축구를 보는 사람 가운데는 축구 경기가 마치 전쟁 같다고 말하는 사람이 많습니다. 축구할 때 상대 수비수의 약점을 찾아 공격하는 것이 꼭 전쟁에서 적군의 허술한 점을 찾아내 집중 공격하는 것과 비슷하다는 겁니다. 그런 점에서 보면 축구 감독은 장군, 선수는 병사 같겠죠. 어디 그뿐인가요. 응원하는 사람들도 축구에서 지면 전쟁에서 패한 것처럼 눈물을 흘리잖아요. 실제로 남아메리카에서는 축구 경기 때문에 전쟁이 일어나기도 했으니까요.

축구와 전쟁을 비교한 글입니다. 어떤가요? 재미로만 보던 축구에 이런 점이 있구나, 하는 생각이 들지 않나요? 아마 축구를 보는 시각도 한층 더 넓어졌을 겁니다.

글감과 어떤 대상의 비슷한 점을 골라내 설명하는 것을 비교라고 한다면 차이점을 추려서 설명하는 것은 대조라고 합니다. 이미 알고 있는 것과 어떻게 다른가를 지적해 주는 거지요.

우리 반 영희가 '소녀시대' 멤버 윤아랑 생김새가 비슷하다고 했잖아. 그런데 태도는 너무 달라. 방송에서 보는 윤아는 스타인데도 태도가 무척 겸손한데 영희는 자기가 예쁘다고 생각하는지 건방지게 행동할 때가 많아. 말씨도 윤아는 사근사근하고 예쁜데 영희는 신경질적으로 거친 말을 자주 하더라니까.

이렇게 영희와 윤아의 차이점을 찾아 설명하니까 영희란 존재에 대해 이전보다 더 구체적으로 알게 됐지요?

이번에는 앞에서 비교해 본 축구와 전쟁을 대조해 볼까요. 축구와 전쟁의 차이점은 사실 너무도 많지요. 축구의 목적은 즐거움이지만 전쟁의 목적은 국가의 이익이지요. 감독, 선수, 관중 모두 즐거움을 위해 축구를 하는 반면 전쟁은 국가나 지배자의 이익을 위해 하니까요. 또 선수들은 축구를 위해 목숨을 바치지 않지만 병사는 목숨까지 바치지요. 축구 경기에 진다고 나라가 망하는 건 아니지만 전쟁에 패하면 망할 수도 있잖아요.

대조는 비교 못지않게 우리가 다루려는 사물과 대상의 특성을 이해하는 데 도움을 줍니다. 뒷장의 글을 볼까요?

사람을 쓸 때 독일인들은 먼저 "이 일을 할 수 있겠느냐?"고 묻는다. 미국인들은 "이 일을 해 본 경험이 있느냐?"고 묻는다. 일본인들은 "어느 대학 출신이냐?"고 묻는다. 한국에서는 면접시험 때 "고향이 어디냐?", "아버지는 뭐 하시느냐?"는 질문이 가장 먼저 던져진다. 그러니까 우리나라에서는 적재적소보다는 지연, 학연, 혈연을 더 중히 여긴다는 것을 알 수 있다. 특히 '집안', '용모'로 그 사람의 됨됨이를 판단하는 경우도 많다. 누가 어느 자리에 올라갔다 하면 그 사람의 능력을 알아보려고 하기도 전에 그렇게 된 연줄에 먼저 관심을 기울인다.

〈만물상〉(조선일보)

대조법을 사용해 다른 나라의 특징을 잘 보여 주면서 지연, 학연, 혈연을 중시하는 우리나라의 잘못된 채용 풍토를 효과적으로 지적하고 있습니다.

비교와 대조 용법은 따로 쓰기도 하지만 한 문단 안에서 함께 쓰기도 합니다. 두 사물의 비슷한 점과 다른 점을 함께 나란히 보여 주면 독자가 이해하기 쉽기 때문입니다.

나누고 쪼개자 — 분류와 분석

기준대로 나누자, 분류!

여러분은 어떤 음식을 좋아하나요? 한식, 양식, 중식, 일식, 아니면 즉석식품? 여러분 성격은 어떤 편인가요. 내향적, 외향적, 아니면 둘 다 섞여 있나요? 여러분의 취미는 뭔가요? 가만히 앉아 책을 읽거나 텔레비전 보는 걸 좋아하나요? 운동을 하거나 여행하는 걸 좋아하나요? 여러분은 어떤 책을 많이 갖고 있나요? 동화책, 만화, 학습 교양서, 아니면 교과서뿐인가요? 이렇게 묻고 답하다 보면 그 사람을 좀 더 잘 알 수 있습니다.

글을 쓸 때도 이런 질문을 해 보면 좋은 점이 많습니다. 우리가 다루려는 글감을 어떤 기준을 갖고 구분해 나가면 막연하던 게 점점 분명해지거든요. 글감의 특성도 알게 돼 그것을 어떻게 다뤄야 하는지 아이디어가 떠오르기도 합니다.

'내가 좋아하는 음식'에 대해 글을 쓴다고 합시다. 좋아하는 음식들을 떠올리면서 한식, 양식, 중식, 일식 중 어떤 것인지 또는 고기, 채소, 면, 밥 중 어떤 종류인지 정리해 보는 겁니다. 나아가 왜 그런 음식들이 좋은지, 그것들의 특성은 뭔지도 잇따라 생각해 보는 거죠.

나는 주로 고기로 만든 음식을 좋아한다. 한식은 갈비와 불고기, 중식 중에는 탕수육, 일식은 돈가스, 양식은 스테이크를 특히 잘 먹는다. 즉석식품도 핫도그 같은 걸 즐긴다. 이렇게 고기 음식에 사족을 못 쓰는 데는 그만한 이유가 있다. 먼저 고기를 먹으면 몸속에서 부담이 없다. 남들은 고기가 소화가 잘 안된다고 하지만 나는 밥 같은 탄수화물이나 채소보다 훨씬 소화가 잘된다. 또 고기 음식을 먹으면 포만감이 커 식사량도 줄일 수 있다.

수많은 음식 가운데 고기로 만든 음식을 기준으로 삼아 갈래를 짓고 특징을 찾다 보니 문단 하나가 뚝딱 만들어졌습니다.

이처럼 하나의 정해진 기준으로 수많은 사물을 가르고 그것의 특성을 찾아내는 것을 분류라고 합니다. 분류(分類)란 말은 종류(類)에 따라서 나눈다(分)는 뜻입니다.

분류를 할 때 기준은 누가 정해 주는 게 아닙니다. 분류 대상이 어떤 성질을 갖느냐에 따라 달라집니다. 예컨대 책은 내용, 크기, 디자인 등으로, 사람은 나이, 직업, 학력, 출신 지역으로, 상품은 용도, 가격, 생산지, 재료 등의 기준으로 나눌 수 있습니다. 여러 기준 중에

서 무엇을 선택할 것인가는 글쓴이에게 달려 있지요. 그 사람에게 필요한 기준이 있을 테니까요.

분류는 보통 높은 단계에서 낮은 단계로 이어집니다. 이를테면 음식을 놓고 분류한다고 할 때 재료를 기준으로 고기, 채소, 곡물 등으로 나눌 수 있겠죠? 한 단계 더 내려가서 고기로 만든 음식은 튀긴 것, 삶은 것, 찐 것으로 나눌 수 있습니다. 분류할 때 반드시 기억할 것은 그 대상이 이 기준에도, 저 기준에도 해당되면 안 된다는 겁니다. 그럴 거면 굳이 분류할 필요가 없으니까요.

하나하나 쪼개자, 분석!

우리가 이해할 수 없는 대상을 만났을 때는 "하나하나 분석해 보자."고 말합니다. 분석(分析)은 '얽혀 있거나 복잡한 것을 나누어서

(分) 쪼갠다(析)'란 뜻입니다. 예컨대 나무를 분석한다고 하면 뿌리, 줄기, 잎으로 나누는 것입니다. 자전거는 어떻게 분석할 수 있을까요? 핸들, 페달, 체인, 바퀴, 브레이크, 틀로 나눌 수 있을 겁니다. 단일한 덩어리가 아니라 여러 성분이 결합된 것은 모두 분석 대상이 되지요.

우리가 읽는 글도 그렇습니다. 간단하게는 문장을 주어, 서술어, 목적어, 보어 등으로 분석하잖아요. 논설문은 서론, 본론, 결론으로, 소설은 발단, 전개, 위기, 절정, 결말로 쪼개서 따지는 것도 그 글의 구조를 파악하기 위해서죠.

이때 각각의 성분은 아무렇게 모아 놓은 게 아닙니다. 하나하나가 어떤 목적(기능)에 맞게 조직된 것이죠. 그래서 어떤 대상을 제대로 분석하려면 각 성분을 나눈 뒤 그것들이 어떻게 연관돼 있는지, 어떤 원리로 조합했는지 설명해야 합니다.

라면을 끓일 때는 물의 양과 불의 세기가 중요하다. 물은 국그릇으로 한 그릇 가득 부으면 되고 처음부터 끝까지 가장 강한 불에 끓여야 한다. 물이 끓으면 수프를 먼저 넣는다. 수프가 충분히 녹아야 국물 맛이 더 좋아지기 때문이다. 면은 쪼개지 말고 통째로 넣되 2분 정도 지나 면이 익을 때 젓가락으로 두세 번 집어 올려 주면 더 꼬들꼬들해진다. 달걀은 면을 건져 낸 다음 국물에 넣어 너무 젓지 말고 30초 정도 끓인다. 먹기 전에 후추를 뿌리면 칼칼한 맛이 생긴다.

라면 끓이는 과정을 몇 단계로 나누고 그 과정에서 주의할 사항을 분석적으로 쓴 글입니다. 또 다른 예를 들어 보겠습니다.

심장의 무게는 성인이 약 350~600g으로 남자가 여자보다 조금 더 무겁다. 사람의 심장을 나란히 붙어 있는 이층집 두 채로 비유하면, 오른쪽 집은 온몸을 돌고 온 정맥피가 들어와서 폐로 보내지는 곳이고, 왼쪽 집은 폐로부터 산소가 많은 신선한 동맥피가 들어와서 온몸으로 보내지는 곳이라고 생각하면 된다. 오른쪽 이층집의 윗집과 아랫집 사이에는 삼첨판이라는 칸막이가 있고, 왼쪽 이층집의 윗집과 아랫집 사이에는 이첨판이라는 칸막이가 있어서 혈액이 거꾸로 흐르는 것을 막아 준다.

비록 간단한 설명이지만 심장의 구조와 기능을 잘 설명해 놓은 글입니다. 이렇게 분석적으로 쓴 글은 글감 또는 주제를 구체적으로 세세하게 알려 주기 때문에 독자들이 이해하기 쉽습니다.

빌려 오고 끌어오자 — 예시와 인용

빌려 오자, 예시!

글 쓰는 일이 너무 힘든가요? 그럴 겁니다. 글을 써 본 사람은 대부분 그렇다고 하니까요. 매일 글을 써서 먹고사는 기자들도 마찬가집니다. 오죽하면 "글만 안 쓰면 기자 노릇 할 만한데……."라고 할까요. 20년 가까이 그것도 날마다 글을 써야 했을 어느 신문사 문화부장의 칼럼 글머리를 보면 그것을 실감할 수 있습니다.

기자라고 하면, "어떻게 하면 글을 잘 쓸 수 있느냐?" 하는 질문을 자주 받는다. 당황스럽다. 칼럼 한 편을 쓰려고 해도 며칠씩 몸이 무겁고 기록을 들춰야 하는데, 비결이 있을 리 없다. 그저 써지길 기다릴 수밖에. 이 칼럼도 이런저런 궁리 끝에 시작됐다.

글 쓸 준비를 할 때 며칠씩 몸이 무거워지고, 써지길 기다릴 수밖에 없다고 하는 걸 보면 글쓰기가 정말 힘들긴 힘든 모양입니다.

《태백산맥》,《아리랑》,《한강》 등 대하소설을 세 편이나 쓴 소설가 조정래 선생님도 글쓰기는 힘든가 봅니다. 펜만 잡으면 저절로 글이 줄줄 나올 것 같은 그 선생님도 글 쓰는 일을 감옥 생활에 비유했으니까요. 좀 위로가 됐나요?

지금까지 여러분은 '몰래카메라' 아니 '몰래 글쓰기'에 속았습니다. 왜냐고요? 글쓰기 훈련을 하는 여러분을 위로하려고 쓴 게 아니거든요. 생각해 보세요. 이 대목에서 생뚱맞게 글쓰기의 어려움을 들이대는 건 좀 이상하잖아요?

그럼 왜 이렇게 썼을까요? 글을 쓰거나 말할 때 자주 사용하는 예시법을 소개하기 위해서입니다. 예시(例示)는 한자어 그대로 예(例)를 들어 보여 준다(示)는 뜻입니다. 앞에서처럼 '글쓰기는 누구에게나 어렵다.'란 주제를 실감 나게 알려 주기 위해 기자와 작가의 경우를 예로 드는 겁니다.

예시는 글 내용이 어려울 때 실제 사례를 들어 알기 쉽게 설명하려고 많이 쓰지만 독자를 설득할 때도 자주 사용합니다.

호주 케언스의 7.5km짜리 세계 최장 케이블카 '스카이레일'은 유네스코 자연유산으로 지정된 열대우림을 지난다. 그러면서도 환경 친화적 모범 사례로 꼽힌다. 사업 검토에만 7년이 걸렸고 공사 중

문제가 생기면 곧 시의 허가를 취소하기로 계약했다. 모든 자재는 미리 조립해 헬기로 날랐다. 철탑과 중간 정거장은 이미 훼손된 곳이나 공터에 세웠다. 스카이레일은 열대우림을 휘젓던 지프차 탐방 수요를 흡수했다.

〈만물상〉(조선일보)

이 글은 자연보호 지역에 케이블카를 설치해 성공적으로 운영하는 호주의 사례를 소개하고 있습니다. 국립공원에 케이블카를 설치하는 문제를 놓고 찬반 논쟁을 벌이는 우리나라 사람들이 참고할 만한 내용이지요. 이처럼 구체적인 사례는 글쓴이의 주장이 타당하다는 걸 알리는 데 좋습니다.

다만 예를 들 때는 그 사례가 글쓴이의 주장이나 설명과 잘 어울려야 합니다. 글쓰기의 어려움을 글로 쓰면서 글을 쓴 뒤의 성취감을 즐겁게 얘기하는 사람을 예로 들면 황당할 테니까요.

또 너무도 특별해서 세상에서 하나 있을까 말까 한 희귀한 예를 드는 것도 피해야 합니다. 물구나무서서 수행하는 사람을 예로 들면서 "인간은 팔로 걷는다."고 주장하면 누가 믿어 주겠어요.

끌어오자, 인용!

"우리 동네 의사 선생님이 콜라 많이 마시면 살도 찌고 이도 썩는대."
"우리 선생님이 그러는데 글을 쓰면 심리 치료도 된대."

윗글처럼 남의 말을 끌어다 쓸 때가 많지요? 왜 그럴까요? 듣는 사람에게 믿음을 줄 뿐만 아니라 그들의 이해를 돕기 때문입니다. 글을 쓸 때도 남의 말을 활용하면 편리할 때가 많습니다. 이처럼 다른 사람의 말이나 글을 자신의 글 속에 넣어 쓰는 것을 인용이라고 합니다.

플라톤은 행복의 조건을 이렇게 말했다. 첫째, 먹고 입고 살고 싶은 수준에서

조금 부족한 듯한 재산. 둘째, 모든 사람이 칭찬하기에 약간 부족한 용모. 셋째, 자신이 자만하고 있는 것에서 사람들이 절반 정도밖에 알아주지 않는 명예. 넷째, 겨루어서 한 사람에게는 이기고 두 사람에게 질 정도의 체력. 다섯째, 연설을 듣고도 청중의 절반은 손뼉을 치지 않는 말솜씨. 모든 게 충족돼야만 행복해지는 것은 아니라는 얘기다.

적당히 부족할 때 행복할 수 있다는 것을 플라톤의 말을 끌어다 이야기하고 있네요. 위대한 철학자의 말이니 웬만해서는 시비를 걸기 힘들지요.

인용이 가장 많이 적용되는 글은 신문 기사입니다. 취재하는 상대의 말을 듣고 취할 건 취하고 버릴 건 버리는 글이 신문 기사이기 때문이지요.

남의 말이나 글을 인용하는 것은 무엇보다 독자를 설득하는 데 유리하지요. 글 쓰는 이 혼자의 주장이 아니라 누군가 이미 그 사실을 말했다는 것을 보여 주니까요.

삶의 진정한 기쁨은 일상의 사소한 것들에서 온다. 저 멀리 높이 있는 것도 거창한 것도 아니다. 미국 일간지 〈USA 투데이〉는 얼마 전 '경제난으로 아무리 고통이 커지더라도 희망의 끈을 놓지 않고 감사해야 할 여섯 가지 이유' 중 하나로 '가족'을 꼽았다. 남의 집 마당을 기웃거릴 게 아니라, 속상한 일이 끊이지 않아도 내 집, 내 가족이 있다는 것 자체가 빛이고 힘이다.

윗글은 미국 일간신문 〈USA 투데이〉의 기사를 인용해 글쓴이가 하고 싶은 말을 대신했습니다.

인용을 할 때는 끌어올 대상을 잘 골라야 합니다. 자칫 그 대상을 잘못 고르면 글뿐 아니라 글쓴이에 대한 신뢰가 떨어지기 때문이죠. 만약 대학 입시를 준비하는 사람에게 "중3 우등생이 그러는데 수능 시험 영어는 독해가 가장 중요하대."라고 조언한다면 누가 그 말을 믿겠어요. "올해 대학에 들어간 선배들이 그러는데 수능 보기 전에 영어 오답 노트를 보면 좋대."라고 하면 모를까. 누군가의 말을 인용하려면 그럴 만한 자격을 갖춘 사람의 것이어야 합니다.

김 기자의 글쓰기 특강 글쓰기 훈련법 ❶

광고는 좋은 글쓰기 교재

잡지나 신문 지면에서 광고를 본 적이 있을 겁니다. 광고는 독자에게 제품이나 서비스의 내용을 널리 알리기 위한 것이지요. 광고는 한 번 싣는 데도 많은 돈을 내야 하기 때문에 그림 배치, 색깔, 모델, 글자 등 신경을 많이 써서 제작합니다. 독자의 눈길을 끌지 못하면 돈을 날리게 되니까요.

잘 만들어진 광고는 좋은 글쓰기 교재로 활용할 수 있습니다. 광고는 제한된 지면 안에서 가장 효과적으로 제품을 알려야 하기 때문에 여러 가지를 고려합니다. 글, 그림, 사진을 어떻게 배치할 것인지, 각각의 크기와 색깔은 무엇으로 할 것인지 하나하나 따져야 하거든요.

이런 작업을 여러분이 직접 해 보는 겁니다. 먼저 갖고 싶은 물건의 광고나 멋있어 보이는 광고를 골라 그걸 그대로 흰 종이에 옮겨 보세요. 이때 직접 옮겨 그리거나 써도 좋고 광고를 오려 붙여도 좋습니다. 똑같이 예쁘게 옮기라는 게 아닙니다. 광고 지면을 채운 구성 요소들을 비슷하게 배치해 보라는 거지요.

광고를 볼 소비자의 눈길이 가장 먼저 닿는 곳에 무엇이 있는지도 눈여겨보세요. 가장 큰 글자로 쓴 글씨와 그 밑에 써 놓은 홍보 문구의 내용도 살펴보세요. 그런 다음 두 문구의 차이가 뭔지 따져 보세요. 광고 속에 모델이 있다면 어디에 있는지 그 위치도 확인해 보세요. 이렇게 몇 편의 광고를 옮기다 보면 지면을 어떻게 활용했는지 감이 잡힐 겁니다.

이제는 여러분 자신을 알리는 광고를 한번 만들어 보세요. 그러려면 먼저 어떻게 하면 모르는 사람에게 나를 잘 알릴 수 있는지 고민해야겠지요.

여러분이 쓰던 자전거, 야구 장갑, 게임기 등을 중고 시장에 판다고 가정한 뒤 제품 광고를 만들어도 좋습니다. 이때 소비자가 그 제품을 사고 싶도록 글이나 그림, 사진을 이용해 꾸며야겠지요. 그림에 자신이 없으면 글자를 많이 활용하면 됩니다.

광고를 옮겨 보고 직접 만들어 보는 활동은 재미도 있지만 내가 다루고자 하는 대상을 어떻게 하면 효과적으로 표현할 수 있는지 일깨워 줍니다. 글쓰기도 이런 과정과 비슷하기 때문에 여러모로 도움이 될 겁니다.

6장

도전! 글쓰기

- 계획표가 좋은 글을 만든다 – 개요 짜기
- 서론은 낚시하듯 써야 – 서론 쓰기
- 알맹이를 드러내라 – 본론 쓰기
- 끝이 좋으면 다 좋다 – 결론 쓰기
- 닦고 조이고 기름 치자 – 고쳐쓰기
- 김 기자의 글쓰기 특강 | 글쓰기 훈련법 ❷

계획표가 좋은 글을 만든다 – 개요 짜기

 어떤 일을 할 때 가장 먼저 하는 것 가운데 하나가 계획표 짜기입니다. 일을 순서대로 짜임새 있게 진행할 수 있도록 도와주기 때문입니다. 글을 쓸 때도 마찬가지입니다. 쓰기 전에 무엇에 대해 어떤 주제로, 어떤 순서에 따라 쓸 것인지 고민하면서 계획표를 짜야 합니다.
 글의 계획표는 '개요'라고 합니다. 개요를 만드는 것은 생활 계획표를 짜는 것과 다를 게 별로 없습니다. 하루 계획을 짜 놓으면 몇 시에 무엇을 해야 할지 알 수 있듯이 개요를 짜면 어떤 내용을 어떤 순서로 써야 하는지 알 수 있습니다. 중요한 내용을 놓치지 않게 해 주기도 하죠.
 글의 성격에 따라 조금씩 다르지만 개요는 대부분 세 부분, 처음 – 가운데 – 끝으로 나눠서 만듭니다. 아무래도 처음 부분은 이 글을 왜 쓰는지, 이 글이 무엇에 관한 것인지, 앞으로 어떻게 흘러갈 건지 등을 알려 줘야 합니다. 가운데 부분은 글에서 전하고 싶은 중심 내용을 자세하고 충분하게 말해야겠죠. 그러려면 다른 부분보다 글의 양이 많아야 할 겁니다. 끝 부분은 앞에서 이야기한 것을 정리하면서 전체 글의 중심 내용을 강조해 주면 됩니다.

취미에 관한 글을 쓴다고 합시다. 처음 부분은 글쓴이의 취미가 무엇이며 어떻게 해서 그런 취미가 생겼는지 소개할 수 있겠죠? 가운데 부분은 취미의 구체적인 내용, 취미 활동의 상대, 취미의 좋은 점과 나쁜 점 등을 쓸 수 있을 겁니다. 끝 부분은 이런 내용을 요약하면서 앞으로 취미 활동을 어떻게 할 건지 이야기할 수 있습니다.

다음의 예를 보면서 좀 더 구체적으로 개요 짜기를 해 봅시다.

처음	• 취미-올림픽과 배드민턴
가운데	• 여러 방식의 게임이 있다. • 장점이 많다. • 단점이 많다.
끝	• 장점을 살리자.

이렇게 개요를 짜면 어떨까요? 글 쓰는 데 도움이 될까요? 아마 쓰는 도중에 무슨 내용으로 채워야 할지 다시 또 생각해야 할 겁니다. 그러다 보면 처음의 의도와 다른 방향으로 글이 흘러갈 수도 있죠. 개

요는 준비 없이 글을 쓸 때 생기는 부작용을 막기 위해 만드는 것입니다. 따라서 가능한 한 완전한 문장으로 작성해서 개요만 보고도 글 전체의 내용과 구도가 생각나도록 하세요. 앞의 개요를 다시 만들어 볼까요.

처음	• 올림픽 혼합복식경기를 보고 배드민턴의 매력을 알았다.
가운데	• 배드민턴은 여러 방식으로 경기를 한다. – 1:1, 2:2로 한다. • 좋은 점이 많다. – 재미있고 체력이 좋아지고 협동심이 생긴다. • 나쁜 점도 있다. – 피곤하고 바람이 많이 불면 못한다.
끝	• 배드민턴의 장점을 살릴 수 있도록 운동한다.

아까보다 훨씬 자세하게 썼죠? 이런 개요라면 글의 전체적인 윤곽과 중심 내용을 파악할 수 있지 않을까요? 이번엔 개요를 보고 글을 써 가는 방법을 좀 더 구체적으로 알아봅시다. 위의 개요는 모두 5개의 문장으로 만들었습니다. 처음 부분은 하나, 가운데는 셋, 끝은 하나의 문장으로 구성했습니다. 이 각각의 문장을 소주제문으로 삼아 문단을 만드는 겁니다. 소주제문을 몇 개의 문장으로 뒷받침하자는 얘기입니다.

처음 부분을 예로 들어 봅시다. '올림픽 혼합복식경기를 보고 배드민턴의 매력을 알았다.'를 소주제문으로 삼았으니까 그에 어울리는 뒷받침 문장을 생각해 봐야 합니다. 이를테면 올림픽 혼합복식경기에서 우리나라 선수가 인도네시아 팀을 꺾고 우승하면서 배드민턴에 관심이 생겼다, 선수들의 동작이 화려하고 움직임도 무척 빨라 흥미진진하다, 동네 친구들과 공터에서 배드민턴 팀을 만들어 신 나게 치고 싶다…….

이렇게 개요 속의 문장을 소주제문으로 삼아 문단을 만들어 가면 힘들이지 않고 글을 이어 갈 수 있습니다. 개요를 만드는 동안 고민을 많이 해야 하긴 하지만 말입니다.

개요는 어떤 내용으로 글을 쓰느냐에 따라 다 다릅니다. 앞의 사례와 똑같이 취미에 대해 글을 쓴다고 해 봅시다. 취미가 사람에게 미치는 영향에 대해 쓴다면 어떨까요? 취미의 육체적 영향, 심리적 영향, 사회적 영향 등을 다뤄야 할 테니까 개요가 완전히 달라지겠죠. 취미가 여러 가지인 사람이 글을 쓴다면 개요는 또 다를 겁니다. 취미 하나하나를 소개해 주는 문단으로 가운데 부분을 채울 수 있으니까요.

개요는 자기주장을 펴는 형식의 글 곧, 논설문을 쓸 때 자주 사용합니다. 논설문은 서론(처음) ➡ 본론(가운데) ➡ 결론(끝) 순으로 글을 이어 가니까요. 하지만 개요를 반드시 글이 흘러가는 순서대로 만들어야 하는 건 아닙니다. 논설문이 서론으로 시작한다고 해서 개요도 서론부터 정해야 한다는 법칙은 없습니다. 자신이 주장하려고 하는 주제를 먼저 적어도 됩니다. 결론부터 써도 좋을 때가 있다는 겁니다. 그런 다음 결론을 내린 몇 가지 중요한 이유를 문장으로 적어 소주제로 삼는 겁니다.

만약 '인터넷은 진짜 이름으로 해야 한다.'는 주장을 결론으로 정했다면 왜 그래야 하는지 문장으로 적어 보는 겁니다. 가짜 이름으로 인터넷을 하다 보니 욕설과 비방이 많다, 연예인은 물론 일반인도 명예를 훼손당한다, 기업이 엉터리 정보 때문에 손해를 본다, 사회 전체가 근거 없는 소문으로 혼란스러워진다……. 이런 문장들을 소주제문으로 삼아 문단을 만드는 겁니다.

개요는 처음부터 잘 만들어지지는 않습니다. 반복해서 훈련해야 합니다. 마인드맵을 해 보고 주제문을 뽑아내는 과정을 거치다 보면 개요가 충실해집니다. 또 개요를 만드는 시간도 줄어들 수 있습니다.

서론은 낚시하듯 써야 — 서론 쓰기

"왔어요, 왔어. 판타스틱한 드레스가 단돈 만 원! 앙드레 김도 울고 갈 디자인."

"골라, 골라. 대한민국 명품이 무조건 오천 원."

큰 시장에 가면 손뼉 치며 소리치는 노점상이 있습니다. 이들의 동작과 구호에는 몇 가지 중요한 원칙이 있습니다. 손님의 관심을 끌 것, 싼 값을 강조할 것, 당장 필요한 물건이라는 걸 일깨울 것, 덤으로 재미있을 것. 죄다 손님의 눈길을 끄는 요소들이죠.

글도 독자의 눈길부터 끌어야 합니다. 아무리 잘 쓴 글도 독자들이 안 보면 헛수고잖아요. 그래서 첫 문장이 중요합니다. 사람을 만날 때 첫인상이 중요한 것처럼 글도 도입 부분에서 독자를 낚을 수 있어야 합니다. 첫 문장은 둘째 문장으로, 둘째는 셋째로, 셋째는 넷째 문장으로 독자를 끌고 가야 합니다. 독자가 글에 완전히 집중할 때까지 말이죠.

그러려면 좋은 미끼를 써야 합니다. 미끼는 어떤 게 좋을까요? 재미있는 말, 참신하거나 진기한 사실, 상큼한 아이디어, 호소력 있는 질문, 궁금하게 만드는 대화……. 무엇이든 좋습니다. 자기가 겪은 일을 쓰든, 속담, 격언, 통계, 신문 기사, 역사적 사실 등을 인용하든 용어나 개념을 풀어 주든 상관없습니다.

몇 가지 예를 볼까요?

돌이네 흰둥이가 누고 간 똥입니다.
흰둥이는 아직 어린 강아지였기 때문에 강아지똥이 되겠습니다.
골목길 담 밑 구석 자리였습니다. 바로 앞으로 소달구지 바퀴 자국이 나 있습니다.
추운 겨울, 서리가 하얗게 내린 아침이어서 모락모락 오르던 김이 금방 식었습니다. 강아지똥은 오들오들 추워집니다. 참새 한 마리가 포르르 날아와 강아지똥 곁에 앉더니 주둥이로 콕! 쪼아 보고,

퉤퉤 침을 뱉고는,

"똥 똥 똥…… 에그, 더러워!"

쫑알거리며 멀리 날아가 버립니다.

강아지똥은 어리둥절했습니다.

"똥이라니? 그리고 더럽다니?"

무척 속상합니다. 참새가 날아간 쪽을 보고 눈을 힘껏 흘겨 줍니다. 밉고 밉고 또 밉습니다. 세상에 나오자마자 이런 창피가 어디 있겠어요.

《강아지똥》(권정생, 창비)

권정생 선생님의 동화 《강아지똥》 첫 부분입니다. 똥이 말을 합니다. 재미있습니다. 늘 구박만 받는 똥을 주인공으로 삼은 아이디어도 상큼해 글을 읽게 만듭니다.

길가에서 택시 운전사들이 다투고 있다. 차가 서로 스쳐 차체가 우그러졌는데 누구에게 잘못이 있느냐로 시비를 가리고 있는 것이다. 그러나 두 사람의 말이 다 일리가 있어 어느 쪽 말이 옳은지 분간하기가 어렵다. 우리가 일상생활에서 얼마든지 볼 수 있는 광경이다.

《신문과 진실》(송건호)

이렇게 일상에서 흔히 볼 수 있는 이야기로 글을 시작하는 것도 독자의 마음을 끌 수 있는 좋은 방법입니다. 누구나 경험하는 일이라면 더 그렇겠지요.

아랫글처럼 다들 아는 속담으로 글을 시작하면 자연스럽게 독자의 눈길을 끌 수 있습니다.

<u>'귀한 자식 매 한 대 더 때리고 미운 자식 떡 한 개 더 준다.'는 속담이 있다. 아이를 기를 때는 체벌이 반드시 필요하다는 뜻이다. 우리 사회에서 체벌이 쉽게 사라지지 않는 것은 이런 생각 때문이 아닐까?</u>

우리가 잘 몰랐던 사실을 제시하면서 글을 시작하는 방법도 있습니다. 독자의 호기심을 자극할 수 있거든요.

<u>스웨덴에서는 1979년 모든 체벌을 금지하는 법률이 제정됐다고 한다. 체벌의 교육적 효과가 크지 않다는 판단이 작용한 것이다.</u>

좀 심각한 얘기를 하기 위해 글의 도입부를 재미있는 비유로 시작해 보는 건 어떨까요?

요즈음 어린이에게는 세 사람의 부모가 있다고 한다. 아버지와 어머니, 그리고 텔레비전이라고 부르는 양어머니이다. 어린이는 세상에 태어나는 순간부터 분만실이나 병실에 설치된 텔레비전과 대면하게 되며, 어머니의 품에 안겨서도 눈은 명멸하는 텔레비전의 화면을 바라보고, 친어머니의 얼굴보다 더 강한 자극을 받게 된다.

《눈으로 씹는 껌, 텔레비전》(김규)

　　텔레비전을 부모에 비유하고 있네요. 그럴듯하지요? 글쓴이는 이 비유를 제대로 살려 내기 위해 우리가 금세 동의할 만한 사실들을 설득력 있게 풀어 놓고 있습니다.
　　서론을 재미있게 시작하는 것이 무엇보다 중요하지만 글을 쓰게 된 동기나 목적이 무엇인지 밝혀 주는 것도 서론에서 할 일입니다. 특히 논설문이나 설명문에서는 '앞으로 어떤 내용을 어떻게 다뤄 나가겠다.'고 안내해야 합니다. 다만 서론에서 보따리를 다 풀어 놓지는 마세요. 김이 새니까요. 본론의 힘이 약해지고 독자가 '앞에서 다 읽은 거네.'라고 느낄 수도 있거든요.

알맹이를 드러내라 – 본론 쓰기

글의 본론은 생선으로 치면 살이 통통하게 올라 먹을 게 많은 가운데 토막이라고 할 수 있습니다. 글의 몸통이라고나 할까요. 본론은 글쓴이가 자기 생각이나 느낌을 구체적으로 드러내는 곳이거든요. 글은 결국 본론을 말하기 위해 쓰는 것이라고 할 수 있습니다.

본론은 서론이나 결론을 한두 문단으로 처리하는 것과 달리 여러 개의 문단으로 구성하는 게 보통입니다. 문단이 많아지면 걔네들이 서로 잘 어울릴 수 있게 작전을 짜야 합니다. 순서뿐 아니라 어느 문단 하나가 너무 크지 않게 분량도 조절해야 하지요.

161

본론을 펼쳐 나가는 방법은 글의 성격에 따라 다릅니다. 여러분이 쓰는 글이 뭔가를 주장하는 글 곧, 논설문이라면 그 주장을 독자가 왜 받아들여야 하는지 증명해 줘야겠지요. 증명 과정은 논리적 순서로 이어 가야 독자를 설득할 수 있습니다.

만약 체벌을 폐지해야 한다고 주장하려면 체벌의 나쁜 점을 보여 준 다음 체벌이 없어질 경우 어떤 점이 좋은지 말해 주는 겁니다. 한 걸음 더 나아가 체벌을 대신하는 방법까지 제시한다면 독자는 글쓴이의 주장에 고개를 끄덕이게 되겠지요. 이런 내용으로 본론을 구성하려면 적어도 세 개의 문단은 필요할 텐데 나쁜 점만 또는 좋은 점만 너무 길게 쓰면 안 되겠죠? 글의 균형이 깨지는 것도 문제지만 글쓴이와 생각이 다른 독자라면 거북해할 수도 있거든요. 자기주장만 너무 강하게 내세우는 사람 말은 왠지 믿음이 가지 않잖아요.

무엇인가를 설명하는 글을 쓸 때는 본론을 펼치는 방법도 달라야겠지요. 어떻게 하면 독자가 모르는 것을 잘 알 수 있게 해 줄지 생각해야 합니다.

예컨대 '우리 가족'에 대한 설명문을 쓴다고 합시다. 서론에서 왜 가족에 대해 쓰는지 설명했다면 본론에서는 가족 구성이 어떻게 되는지, 구성원의 특성이 어떤지 말해 줘야겠지요. 동물에 대한 글이라면 그 동물이 무슨 종에 속하는지, 어떻게 생겼는지, 어떤 특성이 있는지, 인간과는 어떤 관계를 갖고 있는지 등을 나눠서 소개해야 할 겁니다. 다음은 개구리의 특성을 설명하는 글입니다.

개구리는 청개구리, 황소개구리, 무당개구리, 옴개구리 등 그 종류가 아주 많다. 이런 개구리들은 나방, 거미, 달팽이, 배추벌레, 귀뚜라미, 메뚜기 등을 먹는다. 특이한 것은 움직이지 않는 것은 먹지 않는다는 점이다. 죽은 것도 실에 묶어 흔들어 주면 혀를 뻗어 순식간에 잡아먹는다.
개구리의 우는 법은 매우 독특하다. 목을 잔뜩 부풀려 울음주머니를 공명시키는 방법으로 운다. 개구리의 울음소리는 종류에 따라 조금씩 다르다. 개구리들 중에서 우는 것은 수컷들뿐인데 대개 암컷을 부를 때 운다.
개구리는 보호색을 이용해 자신의 몸을 보호할 수 있다. 주위 환경과 비슷한 색깔로 자신의 몸 빛깔을 바꾸어 적의 눈을 속인다.
개구리의 체온은 사람처럼 항상 일정하지 않고 주위 온도가 변하면 그 온도와 비슷하게 변하기 때문에, 겨울에는 활동할 수가 없다. 그래서 겨울잠을 잔다.

설명문은 정보나 지식을 전달하는 게 목적이기 때문에 증거나 자료를 많이 사용하게 됩니다. 그래서 본론을 쓸 때는 그것들의 분량도 신경 써야 합니다.

어떤 일이나 사건의 내용을 전하려고 할 때는 아무래도 시간 순서대로 본론을 이끌어 가는 게 편리할 겁니다. 처음에 어떤 일이 발생했고 두 번째, 세 번째, 네 번째에 어떤 일이 이어졌는지를 풀어 나간다면 독자도 이해하기 쉽습니다. 운동회, 소풍, 여행, 등산같이 진행 과정 자체에 관심이 갈 때는 특히 더하겠지요. 그런데 어떤 사건이나 일이 늘 첫째, 둘째, 셋째, 넷째 등으로 나누기 좋게 정확한 간격으로 진행되는 건 아니잖아요. 그러니까 쓰는 이가 잘 판단해서 버릴 것은 버리고 강조할 것은 강조해야 합니다.

글의 목적이 어떤 사물의 모습을 자세히 묘사하는 글이라면 글 쓰는 이의 눈길이 닿는 순서대로 본론을 써 나가는 게 좋습니다.

이처럼 본론을 쓰는 방법은 다양합니다. 글 쓰는 이의 마음에 따라 얼마든지 달라질 수 있지요. 앞에서 살펴본 방법 그대로 반드시 써야 하는 것은 아닙니다. 그런 방식이 비교적 편안할 뿐입니다. 본론을 쓸 때 글쓴이가 전하고자 하는 이야기를 효과적으로 강력하게 드러낼 수 있다면 방법은 얼마든지 바꿀 수 있습니다. 그러려면 많은 연습이 있어야 가능한 일이지요.

끝이 좋으면 다 좋다 – 결론 쓰기

독일 속담에 '끝이 좋으면 다 좋다.'는 말이 있습니다. 이런 속담은 왜 생길까요? 마무리가 잘 안 되기 때문입니다. 글쓰기에서도 마무리는 중요합니다. 글쓴이가 궁극적으로 말하려는 것을 분명하게 밝히는 곳이 마무리 부분, 곧 결론이니까요.

결론에서는 글쓴이가 앞에서 한 말을 잘 추려서 주제를 간결하고 분명하게 정리해야 합니다. 본론의 내용을 일일이 다시 소개하거나 단순하게 요약하라는 말은 아닙니다. 독자가 "나를 멍청이로 보는 거야?"라며 은근히 기분 나빠할 수도 있으니까요. 결론만 읽어도 핵심을 알 수 있게 뼈대를 추리되 핵심 주제를 다시 한 번 강조하는 선에서 그쳐야 합니다. 서론에서 했던 얘기를 다시 꺼내어 되새겨 주면 앞뒤가 대칭을 이뤄 짜임새 있다는 느낌을 주므로 시도해 볼 만합니다. 결론을 쓰는 방법 몇 가지를 살펴볼까요?

> 비는 사흘 동안 계속 내렸습니다.
> 강아지똥은 온몸에 비를 맞아 자디잘게 부서졌습니다. 그리고 땅속으로 모두 스며 들어가 민들레의 뿌리로 모여들었습니다. 줄기를 타고 올라와 꽃봉오리를 맺었습니다.
> 봄이 한창인 어느 날, 민들레는 한 송이 아름다운 꽃을 피웠습니다. 샛노랗게 햇빛을 받고 별처럼 반짝이었습니다. 향긋한 내음이 바람을 타고 퍼져 나갔습니다. 방긋방긋 웃는 꽃송이엔 귀여운 강아지똥의 눈물겨운 사랑이 가득 어려 있었습니다.

《강아지똥》(권정생, 창비)

《강아지똥》의 마무리는 독자에게 많은 걸 생각하게 해 줍니다. 사라져 버리는 것의 아픔도, 그것의 아름다움과 고귀함도 생각하게 합니다. 강아지똥처럼 살라고 슬쩍 등을 떠밀기도 합니다. 무엇을 애써 강조하지 않아도 여운이 긴 마무리입니다.

<u>결론에서는 요약하는 부분과 함께 주제와 관련한 글쓴이의 생각을 덧붙일 때도 있습니다.</u>

<u>반드시 옛것과 새것 중 하나만을 택할 필요는 없을 것이다. 옛것의 좋은 점과 새것의 좋은 점을 아울러 살리는 길도 찾아낼 수 있을 것이다.</u>

《가정 교육의 어제와 오늘》(김태길)

<u>결론에서는 앞날에 대한 전망, 독자에게 전하는 당부, 새로운 제안</u>도 합니다. 이때 독자를 훈계하면 안 됩니다. 애걸하듯이 호소하지도 마세요. 주제를 분명하게 전달하려는 논설문과 설명문의 결론에서는 특히 아랫글처럼 전망하고 당부하는 내용을 많이 씁니다. 형식은 좀 딱딱해도 글쓴이의 의도를 확실하게 밝힐 수 있으니까요.

<u>'지나친 것은 부족한 것만 못하다.'고 한다. 한 가지에만 너무 매달리는 자세는 이같이 절대 있어서는 안 될 일을 불러오기도 하는</u>

것이다. 정신과 전문의들은 게임 중독을 막기 위해서는 정해진 시간에만 컴퓨터를 켜고, 혼자서 컴퓨터를 오래 사용하지 말며, 컴퓨터 곁을 떠나 친구와 어울려 놀 것을 권하고 있다.
정보화 시대를 살아가는 데 없어서는 안 될 컴퓨터, 그러나 이를 바르게 사용하는 슬기가 필요하다.

〈소년조선일보〉

결론을 쓸 때 특히 주의할 점은 새로운 이야기를 꺼내지 말라는 겁니다. 마무리를 멋있게 해 보려고 본론에서 다루지 않은 내용을 끌어들이면 역효과가 날 수 있거든요. 그동안 진행해 온 주장을 흐릴 수 있습니다.

닦고 조이고 기름 치자 - 고쳐쓰기

"오전 내내 내가 쓴 시 한 편을 교정하면서 쉼표 하나를 떼어 냈다. 오후에 나는 쉼표를 다시 붙였다."

참 게으른 작가죠? 오전 내내 고작 쉼표 하나를 떼어 냈다네요. 오후엔 그걸 다시 붙였고요. 이 말을 한 사람은 아일랜드의 유명한 작가 '오스카 와일드' 랍니다.

듣고 보니 '글을 고치는 건 이렇게 어렵구나, 글은 신중하게 고쳐야 하는구나.'라는 생각이 들죠?

글쓰기 과정에서 가장 힘든 게 고쳐쓰기라고 말하는 사람이 많습니다. 오죽하면 해도 해도 끝이 없는 게 글 고치기라고 할까요.

그렇다고 안 할 수도 없는 게 고쳐쓰기입니다. 글이란 놈은 참 희한해서 내가 쓰는데도 내 말을 잘 안 듣거든요.

고쳐쓰기라고 하면 흔히 틀린 걸 바로잡는 것만 생각하는 사람이 많습니다. 하지만 그 밖에도 일이 많습니다. 쓸데없는 것 빼기, 빠진 것 채워 넣기, 일그러진 구성 바로 세우기, 주제에서 벗어난 것 되돌려 놓기……. 만만치 않죠?

고쳐쓰기를 할 때는 글 전체는 물론 문단, 문장, 낱말까지 샅샅이 따져 봐야 합니다. 하나하나 살펴봅시다.

고쳐쓰기를 할 때 가장 먼저 신경 써야 할 것은 글 전체가 주제에 착 달라붙어 있는지 점검하는 겁니다. 주제와 상관없는 엉뚱한 내용을 발견했으면 과감하게 도려내야 합니다. 어떤 사람의 외모에 대해 쓰기로 해 놓고 그의 성격과 친구 관계를 잔뜩 넣으면 안 된다는 겁니다. 수십 번 고쳐 어렵게 적은 내용이라도 사정없이 잘라 내야 합니다. 작은 것에 집착하다 큰 걸 잃을 수 있으니까요.

처음에 쓰려던 것을 충분히, 자세히 드러냈는지도 봐야겠지요. 그러자면 언제, 어디서, 누가, 무엇을, 어떻게, 왜 따위를 제대로 담았는지 챙겨 봐야 합니다. 글을 다 읽었는데 궁금한 것투성이라면 누가 좋다고 하겠어요. 글 전체의 짜임새를 해칠 정도로 어느 한 부분을 너무 자세히 써도 안 됩니다. 탤런트 김태희 외모를 쓴다면서 글의 90%를 '예쁜 눈'에 대한 설명으로 채우면 되겠습니까? 코, 입, 귀뿐 아니라 몸매는 또 얼마나 섭섭해하겠어요. 서론, 본론, 결론 분량을 잘 조절해야 하는 논설문에서라면 두말하면 잔소리죠.

문단 차원에서 고쳐쓰기를 할 때는 '한 문단=한 주제'란 원칙이 지켜졌는지 확인해야 합니다. 만약 주제 두 개가 떨어져서는 못 산다고 저항해도 봐주면 안 됩니다. 냉정하게 문단을 두 개로 쪼개세요. 하나의 문단에서는 하나의 소주제만 집중적으로 파고들라는 겁니다.

문장을 모아 놓은 게 문단이니 그들끼리 잘 어울리는지도 살펴야죠. 잘 흘러가던 문장이 갑자기 방향을 바꾸지는 않았는지, 문장 사이에 뭔가 빠진 건 없는지 감시해야 합니다.

고쳐쓰기에서 바짝 신경을 써야 하는 것은 아무래도 문장입니다. 안 써도 되는 문장, 표현만 다를 뿐 내용은 같은 문장부터 버리세요. 너무 긴 문장은 짧은 문장으로 나눠야 합니다. 문장의 모든 병폐는 긴 문장에서 생기니까요. 문장을 멋있게 쓰겠다는 욕심이 사고를 낼 때도 있습니다. 바위틈으로 떨어지는 가는 물줄기를 보고는 '고막이 터질 듯이 쏟아지는 폭포 소리'에 어쩌고저쩌고하면 곤란하지요. 표현을 부풀리다 거짓이 되면 안 된다는 얘기입니다.

여기서 한 가지 더. 독자는 여러분이 생각하는 것만큼 성실하지도 영리하지도 않답니다. 주는 대로 먹을 뿐입니다. 문장을 졸졸 따라가려고만 한다는 겁니다. 좀 이상한 대목이 나오면 책을 덮고 맙니다. '왜 이런 내용이 나왔을까?' 추리하거나 고민하지 않는다는 것을 기억하세요.

어린이 글쓰기 교육에 평생을 바친 이오덕 선생님은 이렇게 말했습니다.

"일부러 거짓을 쓰려고 할 때만 거짓이 되는 것이 아니라 글의 어떤 모양을 내어 보이려고 한다든가 자기가 한 말을 자꾸 강조하다 보면 저도 모르게 말이 부풀어져 정확하지 않은 말이 되기도 한다."

주어와 서술어가 딱딱 맞아떨어지는지, 시제가 틀리지는 않았는지, 접속사가 매끄러운지, 띄어쓰기는 제대로 했는지도 챙겨 보세요.

낱말 차원에서 고쳐쓰기를 할 때는 정확한 말을 썼는지 확인하세요. 《톰 소여의 모험》, 《왕자와 거지》를 쓴 미국 작가 마크 트웨인은 "거의 올바른 단어와 올바른 단어의 차이는 아주 크다. 말하자면 반딧불이와 번개의 차이라고 할 수 있다."라고 말했답니다. 낱말을 신중하게 고르라는 주문이지요.

같은 낱말, 비슷한 낱말을 자주 반복했으면 다른 걸로 바꾸세요. 독자가 "얘는 이 말밖에 모르나."라고 불평할지 모르니까요. 또 불필요한 말, 겹치는 말, 안 써도 되는 말도 다 걷어 내세요. 자기도 모르는 어려운 말도 피하세요. 독자는 어려운 말 쓰는 거 좋아하지 않거든요. 맞춤법에 자신 없는 말, 헷갈리기 쉬운 말, 띄어쓰기 어려운 말은 자주 사전을 찾아 확인해야 합니다. 글을 전문적으로 쓰는 사람도 다 그렇게 합니다.

고쳐쓰기는 언제 해야 할까요? 글을 쓰고 어느 정도 시간이 지난 뒤에 하는 게 좋습니다. 글을 쓴 뒤 곧바로 고치려 들면 잘못된 게 눈에 잘 안 들어오니까요. 글쓴이는 자기 글의 내용과 의미를 너무 잘 안다고 생각하기 때문에 문장이 뒤틀리거나, 매끄럽게 연결되지 않아도 다 이해할 수 있거든요. 그러나 시간이 좀 지나서 보면 안 보이던 오류가 '나 여기 있다.' 하면서 여기저기서 나타납니다.

자, 지금까지 여러분은 한 편의 글을 쓰기까지 꼭 알아 둬야 할 것들을 하나하나 살펴봤습니다. 이 정도 요령만 제대로 살려 글을 쓴다면 글쓰기 도사가 될 수 있습니다. 앞에서도 말했듯이 좋은 글을 쓰려면 많이 읽고, 많이 생각하고, 많이 써 봐야 합니다. 좋은 글을 뛰어넘어 위대한 글을 쓸 수 있는 여러분이 되기를 기대합니다.

김 기자의 글쓰기 특강 글쓰기 훈련법 ❷

모방은 창조의 어머니 – 좋은 글을 베껴 써라!

선배 작가의 글을 손으로 직접 베껴 가면서 글쓰기를 훈련하는 작가가 많습니다. 기자들도 비슷한 훈련을 합니다. 김 기자도 처음엔 몇 줄짜리 기사를 쓰려고 신문을 대놓고 베꼈습니다.

손도 아프고, 시간도 많이 걸리고, 남의 글이 자기 글이 되는 것도 아닌데 왜 베껴 쓰기를 할까요? 어떻게 단어를 고르고, 문장을 연결하고, 문단을 구성하고, 어떤 문장으로 글을 시작하고, 어떤 방식으로 독자를 설득하는지 직접 체험할 수 있기 때문입니다. 덤으로 맞춤법, 띄어쓰기도 익힐 수 있고요.

그렇다고 아무 글이나 무턱대고 베끼면 곤란하겠지요? 장편소설을 붙들고 몇 달 동안 베끼는 건 현실적으로 힘들잖아요. 또 문학적인 글을 쓰겠다면서 신문 사설이나 논설문을 붙잡고 늘어지는 건 헛발질이 되기 십상입니다. 논리적으로 설명하는 글을 잘 쓰고 싶다면서 시나 소설을 붙잡는 것도 마땅치 않습니다.

베껴 쓰기를 하려면 먼저 자기가 쓰고 싶은 분야의 글이 뭔지 생각해야 합니다. 그게 정해졌으면 평소에 자기 마음에 들었던 작가나 기자의 글을 고르세요. 내 입맛에 안 맞는 음식을 영양가가 많다고 억지로 먹기는 힘드니까요.

　글을 많이 읽지 않아 좋아하는 작가, 마음에 드는 글을 못 찾는 학생도 많을 겁니다. 좋은 글을 가려내는 것이 쉬운 일은 아니니까요. 하지만 어렵게 생각하지 마세요. 여러분이 날마다 보는 교과서가 있으니까요. 수많은 선생님들이 고민 고민해서 여러분이 읽어야 할 좋은 글을 잔뜩 골라 놓은 게 바로 교과서입니다.

　베낄 글을 찾았다고 곧바로 연필을 들어서는 안 됩니다. 먼저 몇 차례 그 글을 읽어 보세요. 글의 전체적인 흐름을 파악해야 하니까요. 글을 베낄 때는 천천히 하세요. 숙제하듯 빨리 해치우는 게 목표는 아니잖아요. 단어, 문장, 문단을 생각하면서 써 보는 겁니다.

　분량이 많지 않은 칼럼이나 신문 사설 같은 글은 여러 번 베껴 보는 것도 좋습니다. 나중에는 안 보고 써 보는 훈련도 해 보세요. 몇 번 읽고 베꼈는데도 그 글을 완전하게 옮기는 건 쉽지 않을 겁니다. 어느 문장이 빠졌는지, 왜 다음 문장으로 이어지지 않았는지 생각하면서 원문을 다시 읽어 보세요. 그렇게 하고 나면 그 글은 이제 여러분의 글이 되는 겁니다.

　몇 편의 글을 베꼈으면 여러분 수준에 맞는 비슷한 글감을 찾아 자기 생각을 직접 써 보세요. 어느 순간 여러분의 글솜씨가 부쩍 늘어난 것에 깜짝 놀랄 겁니다.